ユーキャンの

ケアマネ実務サポートBOOK

4訂版

はじめに

　ケアマネジャーの業務は非常に多岐に渡ります。利用者のより良い生活の実現に向けて、利用者、医療関係者、行政機関など様々な人たちとかかわり、情報を収集し、調整していかなければなりません。

　この「マネジメント」という調整の仕事は、とても大変で、急な要望や連絡など臨機応変に対応しなければならない場面も多くあります。

　そんな日々、最前線で頑張っているケアマネジャーの負担を少しでも軽くし、実務に役立つ本にしたいという思いから、この本が生まれました。

　現場で活躍するケアマネジャーの意見を集約して、次のような三部構成にしました。

介護保険利用ガイド編
利用者への介護保険サービスを説明する際に、実際に見せてサービス内容を説明できるように、大きな文字で、イラストもたくさん入れています。

スキルアップ編
他職種との上手な連携方法、セルフマネジメントの方法など、実務に役立つポイントやコツをわかりやすく説明しています。

資料編
ケアマネジャーのかかわる制度や法律、薬の基礎知識、医療用語などの情報を、忘れたときにもすぐに調べられるようにまとめています。

　また、このたび改訂するに当たり、介護保険利用ガイド編・資料編について、2018（平成30）年4月の介護保険法等の改正内容を反映させました。

平成30年4月
ユーキャン ケアマネ実務研究会

目次

この本の使い方 10

介護保険利用ガイド編

介護保険制度の仕組み
　サービス提供の流れ 12
　サービスを受けられる方／保険料と納付方法 13
　本人が負担する費用 14
　初めてサービスを利用する場合 16
　訪問調査事項 18
　要介護状態区分 19
　要介護度と利用できるサービス 20
　要介護1〜5の方のサービス利用方法 22
　要支援1・2の方のサービス利用方法 24
　非該当・基本チェックリスト該当の方のサービス利用方法 ... 25

介護保険で利用できるサービス
▼自宅に訪問を受けて利用する
　訪問介護 26
　訪問入浴介護／訪問看護 29
　訪問リハビリテーション／居宅療養管理指導 30
　介護予防訪問入浴介護／介護予防訪問看護 31
　介護予防訪問リハビリテーション／介護予防居宅療養管理指導 ... 32

▼施設に通って利用する
　通所介護 33
　通所リハビリテーション 34
　介護予防通所リハビリテーション 35

▼施設に短期間入所して利用する
　短期入所生活介護 36
　短期入所療養介護 37
　介護予防短期入所生活介護 38
　介護予防短期入所療養介護 39

▼施設で暮らしながら利用する
　特定施設入居者生活介護／介護予防特定施設入居者生活介護 40

▼施設サービス
　介護老人福祉施設 41
　介護老人保健施設 42
　介護療養型医療施設 43
　介護医療院 44

▼地域密着型サービス
　定期巡回・随時対応型訪問介護看護 45
　夜間対応型訪問介護 46
　地域密着型通所介護 47
　認知症対応型通所介護／小規模多機能型居宅介護 48
　認知症対応型共同生活介護 49
　地域密着型特定施設入居者生活介護／
　　地域密着型介護老人福祉施設入所者生活介護 50
　看護小規模多機能型居宅介護（複合型サービス） 51
　介護予防認知症対応型通所介護 52
　介護予防小規模多機能型居宅介護／
　　介護予防認知症対応型共同生活介護 53

▼福祉用具サービス
　福祉用具サービスの内容 54
　福祉用具のレンタルの流れ 55
　福祉用具のレンタル対象品目 56
　介護予防福祉用具のレンタル対象品目 58
　福祉用具購入の流れ 59
　福祉用具の購入対象品目 60
　車いす 61
　特殊寝台・特殊寝台付属品 62
　腰掛便座 63
　入浴補助用具 64
　歩行器 65
　歩行補助杖 66
　移動用リフト 67

▼住宅改修サービス
　　住宅改修サービスの仕組み ……………………………………………… 69
　　住宅改修の流れ ………………………………………………………… 70
　　対象となる住宅改修 …………………………………………………… 71
　　改修のポイント
　　　①エントランス……72／②玄関……73／③階段・廊下……74
　　　④トイレ……75／⑤浴室……76／⑥居室・寝室……77

介護保険と医療保険の関係
　　介護保険と医療保険の違い／
　　　介護サービスと医療サービスの関係 ………………………………… 78

スキルアップ編

ニーズの分析と課題解決のポイント
　　同じニーズでも、原因は様々。課題解決も様々 ……………………… 80
　　入浴の課題解決方法 …………………………………………………… 82
　　食事の課題解決方法 …………………………………………………… 84
　　排泄の課題解決方法 …………………………………………………… 86
　　移動の課題解決方法 …………………………………………………… 88
　　健康の課題解決方法 …………………………………………………… 90

他職種との調整のポイント
　　職種や環境が違えば、常識も違う ……………………………………… 92
　　医療との連携～医師との連携のポイント ……………………………… 93
　　医療との連携～病院との連携のポイント ……………………………… 97
　　医療との連携～訪問看護との連携のポイント ………………………… 98
　　医療との連携～リハビリ職との連携のポイント ……………………… 100
　　医療との連携～薬剤師との連携のポイント …………………………… 101
　　地域の関連機関との連携～行政機関 …………………………………… 102
　　地域の関連機関との連携～ボランティア団体 ………………………… 103

コミュニケーションのポイント
　　聴き方のポイント ……………………………………………………… 104
　　話し方のポイント ……………………………………………………… 106
　　相手に誤解を与えないためのポイント ……………………………… 107

利用者・家族とのコミュニケーションで注意すること 108
　　初回面接時に注意すること 109
　　サービス担当者会議を効果的に進めるためのポイント 110
モニタリングの際のポイント
　　モニタリングの目的／訪問時期や回数 114
　　モニタリングの際のチェックポイント 115
　　ケアマネジャーとしての観察力と洞察力 117
ターミナルケアのポイント 118
セルフチェックのコツ
　　セルフマネジメントしていきましょう／
　　　仕事がしやすい環境を整えましょう 120
　　ケアマネジメントプロセスを管理しましょう 122
　　タイムマネジメント 124
　　心のセルフマネジメント 128
　　ケアマネジメントの質を高めていきましょう 129

資料編

地域包括ケアシステム
　　地域包括ケアシステムとは／なぜ、必要なのか 138
　　地域包括ケアシステムの概要 139
　　地域包括ケアシステムにおけるケアマネジャーの役割 141
ヘルパーのできる医薬に関する行為 142
高齢者関連制度
　　障害者総合支援法の自立支援システム 144
　　自立支援給付 145
　　地域生活支援事業 147
　　高齢者虐待の対応 148
　　高齢者虐待の具体例と気付きのサイン 149
　　日常生活自立支援事業 150
　　成年後見制度〜種類／法定後見制度〜概要 151
　　消費者保護に関する法律 152
　　クーリング・オフ制度 153

低所得者のための助成制度〜生活保護 154
低所得者のための助成制度〜生活福祉資金貸付制度 155
介護保険優先の公費負担医療との給付調整 156

医薬の知識〜高齢者の特徴
高齢者の身体の特徴 158
高齢者の疾患の特徴 159
加齢による身体的・精神的変化 160

医薬の知識〜薬との付き合い方
知っておきたい薬の問題 162
薬の問題に気付き、解決するためのポイント 163
服薬管理のアセスメントの流れとポイント 164
服薬管理のアセスメント 166
薬のADLに与える影響 170
薬の保管・管理上のルール 174

医薬の知識〜疾患の概要と薬の知識
脳・神経　パーキンソン病......176／脳血管障害......178
　　　　　　うつ病......180／認知症......182
循環器　高血圧......184／心不全......188／不整脈......190
呼吸器　喘息・慢性閉塞性肺疾患......192
消化器・内分泌　胃潰瘍・十二指腸潰瘍......194／糖尿病......196
　　　　　　　　　脂質異常症（高脂血症）......198／便秘......200
腎・泌尿器　前立腺肥大症......202
眼　緑内障......204／白内障......205
口腔　口内炎・歯周病......206
運動器　骨粗鬆症......208／変形性関節症......210
　　　　　　関節リウマチ......210
皮膚　褥瘡......212／水虫......213／疥癬......213

医療知識
人体部位名 214
検査値の読み方 218
よく使われる医療に関する略語・用語 220

あると便利なリスト

- アセスメント・チェックリスト 226
- 障害高齢者の日常生活自立度判定基準 228
- 認知症高齢者の日常生活自立度判定基準 229
- 役立つWebサイト一覧 230

薬剤名リスト 233

知っ得!コラム

- クーリング・オフ制度の対象にならないもの／
  契約に関しておかしいと思ったら 153
- 介護保険と生活保護の給付調整 154
- 薬の副作用には大きく2つある 175
- 一般名処方と商品名処方はどう違う? 177
- 飲み残し・飲み忘れを発見したら?／薬を飲む時間 179
- 傾聴と共感が、うつ病ケアのポイント 181
- 特定疾病とは? 183
- 高齢者の高血圧治療基準は、少し高め 187
- 心不全患者にとって、嗜好品は大敵! 189
- 吐血をどう判断する?／お薬手帳を活用する 195
- 糖尿病は早期の受診・治療が大事! 197
- 「薬が飲めていない」ときは、まず理由を探る 199
- 高齢者には下痢も少なくない 201
- 頻尿を伴う疾患には、どう対応する? 203
- 歯周病予防には念入りな口腔ケアを 207
- ロコモティブシンドロームって何? 209
- 変形性関節症では、疼痛時は安静が基本 211

この本の使い方

介護保険利用ガイド編

　ここでは、介護保険サービスを利用する際の手続きや、サービスごとの自己負担の目安など、利用者さんに説明する際の役に立つ情報をまとめています。

単位数に10円を掛けた額の1割の金額です。
ご自分の担当する地域の額は、[　]内に書き込んでください。

資料編

　ここでは、ケアマネジャーの仕事をしていく上で知っておきたい情報や、役立つ資料をまとめています。

薬の名前の表記の方法
一般名は、2017（平成29）年12月8日現在の厚生労働省「一般名処方マスタ」の記載に準拠しています。
商品名は、複数あるものは代表的な薬を挙げています。

！ 本書の内容は、ケアマネジャーが業務において使うことが多い情報をまとめたものです。
　詳細は、必ず行政機関等の最新の情報をご確認ください。

介護保険利用ガイド編

介護保険サービスを利用する際の流れや手続き、自己負担の目安、サービス内容など、介護保険サービスを利用者さんに説明する際の役に立つ資料です。利用者さんに見せながら、お使いください。

介護保険制度の仕組み

サービス提供の流れ

- 介護保険は、**市町村（保険者）が運営**しています。
- 介護保険の**加入者（被保険者）は、40歳以上の方**です。
- サービスを利用できるのは、市町村から**要介護認定**を受けた方だけです。
- サービスを利用した場合は、**費用の1割**（原則*）をサービス事業者に支払います。残りの9割は介護保険からサービス事業者に支払われます。

*自己負担割合 ➡ P14。本書では、自己負担の目安は1割負担の方を例としています。

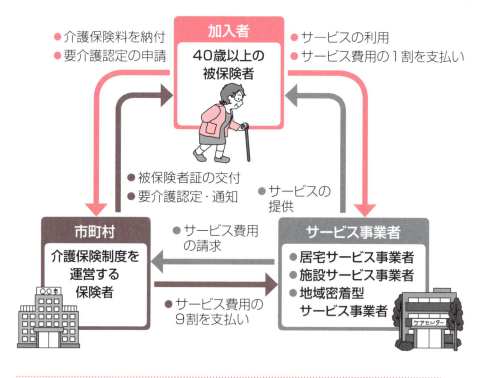

介護保険利用ガイド編 介護保険制度の仕組み

サービスを受けられる方

下のどちらかの条件に当てはまれば、介護保険のサービスを利用できます。

第1号被保険者
65歳以上で、原因にかかわらず介護が必要な方

第2号被保険者
40歳以上65歳未満で、特定疾病*が原因で介護が必要になった方

＊特定疾病 ➡ P183

保険料と納付方法

	保険料の決め方	納付方法	
65歳以上（第1号被保険者）	所得状況に応じて細かく決められる（**市町村により異なります**）	年金が年額**18万円以上**の方 ➡	**特別徴収** 年金の定期払い（年6回）の際に、受給額から天引き
		年金が年額**18万円未満**などで年金から天引きできない方 ➡	**普通徴収** 送付される納付書、または口座振替により個別に納付
40～64歳（第2号被保険者）	医療保険（健康保険）の算定方法により決められる	医療保険（健康保険）料と一括して納付	

本人が負担する費用

1割負担が大原則

利用者本人の**1割負担**は原則です。
ただし、**合計所得金額が160万円以上**（単身で年金収入のみの場合は、年収280万円以上）の方は、**2割負担**となります。さらに、2018（平成30）年8月1日以降にサービスを利用した利用者のうち、**合計所得金額が220万円以上**（単身で年金収入のみの場合は、年収344万円以上）の方は、**3割負担**となります。この負担割合は、要介護認定を受けた方に市町村から発行される「**介護保険負担割合証**」で確認できます。

居宅（介護予防）サービスの利用（支給）限度額

居宅（介護予防）サービスは、要介護度ごとに1か月当たりの**利用限度額**が決められています。この限度額の範囲内でサービスを利用していれば1割負担ですが、**限度額を超えた分については全額自己負担**となります。

要介護（要支援）度	利用限度額	あなたの地域
要支援1	50,030円／月	
要支援2	104,730円／月	
要介護1	166,920円／月	
要介護2	196,160円／月	
要介護3	269,310円／月	
要介護4	308,060円／月	
要介護5	360,650円／月	

※利用できる金額の目安を1単位当たり10円で換算したものです。

福祉用具購入、住宅改修の利用（支給）限度額

いったん費用の全額を事業者に支払い、後日その領収書を添付して市町村に申請することで、9割*1の費用が支給されます（償還払い）*2。どちらも、**限度額を超えた部分は全額自己負担**となります。

福祉用具購入費	**1年間**（4月～翌年3月）に**10万円**まで
住宅改修費	**1軒**につき**20万円**まで

※福祉用具のレンタル費用については、居宅サービスの利用限度額が適用されます。
*1：自己負担が1割の場合 *2：例外：受領委任払い ➡ P59、69

自己負担の軽減策

自己負担額が高額となった場合には、「高額介護サービス費の支給」という負担軽減策があります。自己負担の合計額が以下のような一定の上限額を超えた場合、超えた分が**高額介護サービス費**として支給されます（福祉用具購入費と住宅改修費は対象外）。

区　分	世帯の上限額／月
現役並み所得者の方がいる世帯の方	44,400 円
世帯内のどなたかが市町村民税を課税されている方	44,400 円*1
世帯全員が市町村民税を課税されていない方	24,600 円
●年金収入と合計所得の合計が80万円以下の方等	24,600 円
	15,000 円*2
生活保護を受給している方	15,000 円*2

*1：1割負担の利用者のみの世帯は年間446,400円の上限があります。
*2：サービス利用者本人（個人）の上限額

このほか、地域によっては、社会福祉法人や民間法人の介護保険サービスを利用した場合、自己負担を軽減できることがあります。

初めてサービスを利用する場合

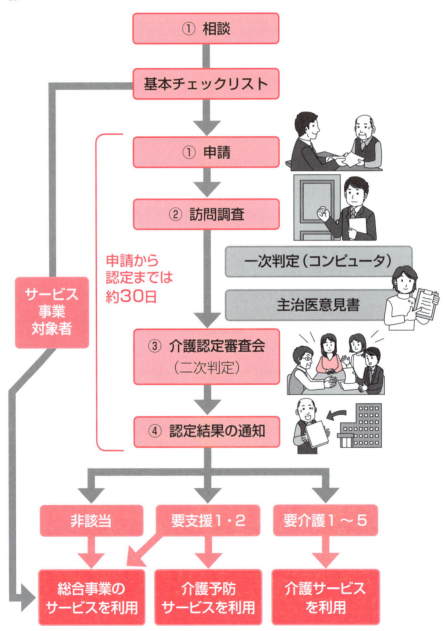

介護保険利用ガイド編

初めてサービスを利用する場合

① 相談・申請

介護保険サービスを利用するには、まず、**市町村**の介護保険担当の窓口へ行き、相談します。原則として、そこで「**基本チェックリスト**」に記入し、必要に応じて、介護保険の「**要介護認定の申請**」を行います。申請書に必要事項を記入し、**介護保険証**（第2号被保険者は健康保険者証）を**添えて申し込み**ます。

② 訪問調査

主治医に「**主治医意見書**」を書いてもらいます。後日、市町村の職員から連絡があり、自宅に訪問調査にやって来る日が伝えられます。都合が悪ければ変更も可能です。当日は、認定調査員が本人や家族から心身の状況や生活の様子など、全74項目からなる聞き取り調査（=「**訪問調査**」）を行います。時間は約1時間です。

③ 介護認定審査会

訪問調査の結果と主治医意見書をもとに、「介護認定審査会」で審査し、要介護度や認定の有効期限の判定が行われます。

④ 認定結果の通知

認定の結果は、原則として**申請から30日以内**に、市町村から本人のもとへ**郵送で通知**されます。

訪問調査事項

訪問調査では次のようなことが聞かれます

身体機能・起居動作

- 手足に麻痺がありますか？
- 自分で寝返りを打てますか？
- 何かにつかまらずに歩けますか？
- 片足で立ってみてください。
- ちょっと歩いてみてください。

生活機能

- トイレ（排尿・排便）が一人でできますか？
- 食べ物がのどにつかえることはありますか？
- 上着を自分で着たり脱いだりできますか？
- 自分で爪を切れますか？

認知機能

- 自分の考えを人に伝えられますか？
- 生年月日を教えてください。
- 外出して家に帰れなくなったことはありますか？
- さっきまで何をしていましたか？

精神・行動障害

- 感情が急に不安定になることはありますか？
- 同じ話を何度もすると人に言われますか？
- 大声を出したり、一人でブツブツ言うことはありますか？
- 物を盗られたと思うことはありますか？

社会生活への適応

- 忘れずに薬を服用できますか？
- お金は自分で管理できますか？
- 簡単な料理が作れますか？
- 集団行動ができますか？

要介護状態区分

区分	身体の状態（例）
非該当（自立）	日常生活に支援を必要としない、自立できている状態
要支援1	日常生活における基本的な動作はほぼ自分でできるが、**一部について何らかの支援が必要な状態**
要支援2	日常生活における基本的な動作について、**何らかの支援が必要な状態**
要介護1	立ち上がりや歩行などに**不安定さ**が見られることが多く、**日常生活に部分的な介護が必要な状態**
要介護2	立ち上がりや歩行などが自力ではできない場合が多く、**排泄や入浴などに部分的な介護が必要な状態**
要介護3	立ち上がりや歩行、排泄や入浴、衣服の脱ぎ着などに、**ほぼ全面的な介助が必要な状態**
要介護4	日常生活全般にわたりこれらを行う能力が**かなり低下**しており、日常生活全般について全面的な介助が必要な場合が多く、介護なしでは日常生活を営むことが**困難な状態**
要介護5	日常生活全般にわたりこれらを行う能力が**著しく低下**しており、日常生活全般について全面的な介助が必要で、介護なしでは日常生活を営むことが**ほとんど不可能な状態**

要介護度と利用できるサービス

介護サービス

要介護1〜5の方

居宅サービス

- ●自宅に訪問を受けて利用します
    - ・訪問介護　・訪問入浴介護　・訪問看護
    - ・訪問リハビリテーション　・居宅療養管理指導
- ●施設に通って利用します
    - ・通所介護　・通所リハビリテーション
- ●施設に短期間入所して利用します
    - ・短期入所生活介護　・短期入所療養介護
- ●施設で暮らしながら利用します
    - ・特定施設入居者生活介護

施設サービス

- ・介護老人福祉施設（特別養護老人ホーム）
- ・介護老人保健施設　・介護療養型医療施設　・介護医療院

地域密着型サービス

- ・定期巡回・随時対応型訪問介護看護　・夜間対応型訪問介護　・地域密着型通所介護　・認知症対応型通所介護　・小規模多機能型居宅介護
- ・認知症対応型共同生活介護　・地域密着型特定施設入居者生活介護
- ・地域密着型介護老人福祉施設入所者生活介護
- ・看護小規模多機能型居宅介護（複合型サービス）

その他のサービス

- ●福祉用具をレンタルしたり、買ったりします
    - ・福祉用具のレンタル　・福祉用具の購入
- ●自宅を改修してもらいます
    - ・住宅改修

介護予防サービス

要支援1・2の方　※下の総合事業のサービスも利用可

居宅サービス

- 自宅に訪問を受けて利用します
  - 介護予防訪問入浴介護
  - 介護予防訪問看護
  - 介護予防訪問リハビリテーション
  - 介護予防居宅療養管理指導
- 施設に通って利用します
  - 介護予防通所リハビリテーション
- 施設に短期間入所して利用します
  - 介護予防短期入所生活介護
  - 介護予防短期入所療養介護
- 施設で暮らしながら利用します
  - 介護予防特定施設入居者生活介護

地域密着型サービス

- 介護予防認知症対応型通所介護
- 介護予防小規模多機能型居宅介護
- 介護予防認知症対応型共同生活介護

その他のサービス

- 福祉用具をレンタルしたり、買ったりします
  - 介護予防福祉用具のレンタル
  - 介護予防福祉用具の購入
- 自宅を改修してもらいます
  - 介護予防住宅改修

地域支援事業サービス

非該当・基本チェックリスト該当の方

- 総合事業のサービスなど

要介護1〜5の方のサービス利用方法

居宅サービス

居宅介護支援事業者と契約
ケアプランの作成を依頼します。

⬇

アセスメント（課題分析）
ケアマネジャーが本人の心身の状態や環境、生活歴などを把握し、課題を分析します。

⬇

サービス担当者との話し合い
本人・家族とサービス担当者を含めて、本人に適したサービスを検討します。

⬇

ケアプランの作成
利用するサービスの種類や回数を決定します。

⬇

サービス事業者と契約
介護サービスを行うサービス事業者と契約します。

⬇

居宅サービスの利用
ケアプランに基づいてサービスを利用します。

施設サービス

介護保険施設と契約
希望する施設へ直接申し込みます。

ケアプランの作成
施設のケアマネジャーが本人に適したケアプランを作成します。

施設サービスの利用
ケアプランに基づいてサービスを利用します。

《契約時の注意点》

　ケアマネジャーの所属する事業者と契約する場合も、介護サービスを提供するサービス事業者と契約する場合も、必ず「**重要事項説明書**」という書類を見せられるので、その内容の説明をきちんと受けて、わからないことがあれば、何でも聞きましょう（施設サービスや介護予防サービスを利用する場合も同じです）。この書類には、契約する事業者の概要やサービス内容など、重要なことが書かれています。内容に納得してから署名・捺印するようにしましょう。

　また、ケアマネジャーに介護の相談に乗ってもらったり、ケアプランを作成してもらうなど、ケアマネジャーの仕事に関する費用は、**無料**です。

要支援1・2の方のサービス利用方法

介護予防サービス
※右の総合事業サービスも利用可

地域包括支援センターと契約
介護予防ケアプランの作成を依頼します。

↓

アセスメント（課題分析）

保健師などが本人の心身の状態や環境、
生活歴などを把握し、課題を分析します。

↓

サービス担当者との話し合い

本人・家族とサービス担当者を含めて、
本人に適した支援内容を検討します。

↓

介護予防ケアプランの作成
利用するサービスの種類や回数を決定します。

↓

サービス事業者と契約

介護予防サービスを行うサービス事業者と
契約します。

↓

介護予防サービスの利用
介護予防ケアプランに基づいてサービスを利用します。

非該当・基本チェックリスト該当の方のサービス利用方法

地域支援事業の総合事業サービス

地域包括支援センターに相談

↓

アセスメント（課題分析）

基本チェックリストなどにより本人の心身の状態を把握し、課題を分析します。

↓

介護予防ケアプランの作成

目標を設定して、その達成に適した簡単なケアプランを作成します。

↓

市町村が行う地域支援事業の総合事業（介護予防・生活支援）サービスなどを利用

《総合事業サービス》

　総合事業の介護予防・生活支援サービスには、**訪問型サービス**（要支援者等の居宅で、掃除、洗濯などの日常生活上の支援を行うもの）、**通所型サービス**（施設で、日常生活上の支援や機能訓練を行うもの）、**生活支援サービス**（配食や安否確認など）などがあります。
　なお、これらのサービスを利用するための手続きやサービスの内容は、市町村ごとに異なります。

25

介護保険で利用できるサービス

自宅に訪問を受けて利用する

訪問介護（ホームヘルプ）

ホームヘルパーに自宅に来てもらい、入浴・排泄・食事の介助などの**身体介護**や、調理、掃除、買い物などの**生活援助**のサービスを受けます。

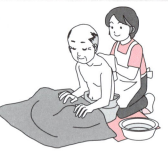

	自己負担の目安／1回につき					
	20分未満	20分以上 30分未満	30分以上 60分未満	60分以上 90分未満	+30分 ごと
身体介護 中心	165円 [　　]	248円 [　　]	394円 [　　]	575円 [　　]	+83円 [　　]
	20分以上45分未満				45分以上	
生活援助 中心	181円 [　　]				223円 [　　]	
	20分以上45分未満		45分以上70分未満		70分以上	
身体介護+ 生活援助	+66円 [　　]		+132円 [　　]		+198円 [　　]	

※[　　]はあなたの地域の料金

通院等の際に乗り物の乗り降りの介助を受けた場合：
　+98円／片道［　　　　］
次の時間帯にサービスを受けた場合：
● 早朝（6〜8時）／夜間（18〜22時）：+25%
● 深夜（22〜6時）：+50%

《ヘルパーに頼めること&頼めないこと》

頼めること

訪問介護では、次のようなことはヘルパーさんに頼めます。

- 同居家族がいても、仕事の都合などで家族が留守にすることが多い場合の食事のしたく
- 手が不自由な利用者のための、食事の下ごしらえや後片付けの手伝い
- 飲み込む機能が低下した利用者のために、食事を食べやすく調理すること
- 足腰が悪く、自分で買い物に行けない場合、日常的に利用している店へ日用品を買いに行くこと
- 紙おむつを使用している利用者のために、紙おむつを定期的に買いに行くこと
- 同居家族が長期間不在の場合の、トイレやお風呂の掃除
- 洗濯機がなく、歩行も困難な利用者のための、コインランドリーでの洗濯
- 爪切りや耳掃除、歯磨きや入れ歯の手入れ（一定の条件が必要。ヘルパーのできる医薬に関する行為については、142～143ページ参照）
- 通院の際のタクシーへの同乗や介助
- 透析後の病院から帰宅の際だけの付き添いや介助
- 受診までの待ち時間が長く、長時間待つと心身に悪影響があり、かつ当該病院にヘルパーの介助で通院している場合に、事前に病院に寄って診察券を出してもらうこと（通院介助）
- 利用者や家族の同意がある場合、処方箋を預かって、薬の受け取りをすること
- 車いすを使用している場合の、車いすのタイヤに空気を入れること

頼めないこと

訪問介護では、次のようなことはヘルパーさんには頼めません。

- 一緒に食事をしたり、おしゃべりをすること
- おせち料理や年越しそばを作ること
    - ←おせち料理や年越しそばは、特別な行事の際に食べる食事であり、これらを提供することは、利用者の日常生活に不可欠な支援とはいえない
- 年末の大掃除や衣替え
- 同居の家族がいる場合の買い物の付き添い
    - ←同居家族がいる場合、基本的には「家族ができる」と判断される
- 嗜好品（たばこ等）や贈答品（お中元、お歳暮）の買い物
    - ←これらは、日常生活に不可欠ではない物と判断される
- 換気扇の掃除、廊下や床のワックスがけ
- 庭やベランダの掃除、草むしり
- 子供の結婚式に出席する際の移動介助やトイレの介助
    - ←これらは日常生活を円滑に過ごすための介助とはいえない
- 床ずれに薬を塗ること、インスリン注射を打つこと、尿道に入れているカテーテルの着け外し
    - ←これらはヘルパーのできない医療行為にあたる（ヘルパーのできる医薬に関する行為については、142～143ページ参照）
- ペットの散歩
- 手紙の代読、代筆
- 肩や腰のマッサージ
- 病院内での保険証の提出や支払い
- 預金の出し入れ
    - ←本人の財産にかかわるため
- 宅配便や郵便物の受け取り

※頼める・頼めないは、利用者の状況等により異なるので、詳細は各自治体に問い合わせてください。

『2訂版　介護ヘルパーにたのめること、たのめないこと。』（ユーキャン／自由国民社刊）より抜粋

介護保険利用ガイド編

訪問入浴介護

入浴設備や簡易浴槽を装備した移動入浴車を自宅に呼び、入浴のサービスを受けます。

自己負担の目安／1回につき	
全身の入浴	1,250円 [　　]
清拭・部分浴	875円 [　　]

※ [　　] はあなたの地域の料金

訪問看護

訪問看護ステーションや医療機関の看護師などに自宅に来てもらい、療養上の世話や診療の補助を受けます。サービス利用時には、主治医の文書による指示が必要です。

自己負担の目安／1回につき			
	20分未満	30分未満	30分以上 60分未満	60分以上 90分未満
訪問看護 ステーション	311円 [　　]	467円 [　　]	816円 [　　]	1,118円 [　　]
病院または 診療所	263円 [　　]	396円 [　　]	569円 [　　]	836円 [　　]

※ [　　] はあなたの地域の料金

 加算　次の時間帯にサービスを受けた場合：
- 早朝（6～8時）／夜間（18～22時）：+25%
- 深夜（22～6時）：+50%

訪問リハビリテーション

理学療法士や作業療法士、言語聴覚士に自宅に来てもらい、リハビリテーションを受けます。

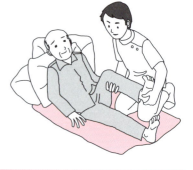

自己負担の目安／1回につき
290円 [　　　　]

※ [　　] はあなたの地域の料金

 加算　集中的にリハビリテーションを受けた場合：
+200円／日 [　　　　]

 ## 居宅療養管理指導

医師、歯科医師、薬剤師、管理栄養士、歯科衛生士、看護師などに自宅に来てもらい、療養上の管理や指導を受けます。

※2018(平成30)年9月30日まで算定可。

自己負担の目安／1回につき ＜下段は利用の限度回数＞*1						
医師・歯科医師	医療機関の薬剤師	薬局の薬剤師	管理栄養士	歯科衛生士等	看護師・保健師※
507円	558円	507円	537円	355円	402円
1か月間に2回	1か月間に2回	1か月間に4回*2	1か月間に2回	1か月間に4回	6か月間に2回

＊1：単一建物居住者1人に対して行う場合。
＊2：がん末期や中心静脈栄養を受けている場合は、週2回月8回までサービスを受けられます。

介護予防訪問入浴介護

　自宅に浴室がない場合や、感染症などの理由から施設での入浴が難しい場合などに、自宅まで移動入浴車に来てもらい、入浴のサービスを受けます。

自己負担の目安／1回につき	
全身の入浴	845円 [　　　]
清拭・部分浴	592円 [　　　]

※[　　] はあなたの地域の料金

 ## 介護予防訪問看護

　訪問看護ステーションや医療機関の看護師などに自宅に来てもらい、介護予防を目的とした療養上の世話や診療の補助を受けます。

自己負担の目安／1回につき				
	20分未満	30分未満	30分以上60分未満	60分以上90分未満
訪問看護ステーション	300円 [　　]	448円 [　　]	787円 [　　]	1,080円 [　　]
病院または診療所	253円 [　　]	379円 [　　]	548円 [　　]	807円 [　　]

※[　　] はあなたの地域の料金

 次の時間帯にサービスを受けた場合：
- 早朝（6～8時）／夜間（18～22時）：+25%
- 深夜（22～6時）：+50%

介護予防訪問リハビリテーション

理学療法士や作業療法士、言語聴覚士に自宅に来てもらい、介護予防を目的としたリハビリテーションを受けます。

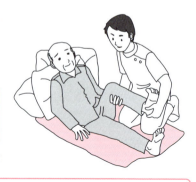

自己負担の目安／1回につき
290円 [　　　　]

※[　　]はあなたの地域の料金

加算　集中的にリハビリテーションを受けた場合：+200円／日 [　　　　]

介護予防居宅療養管理指導

医師、歯科医師、薬剤師、管理栄養士、歯科衛生士、看護師などに自宅に来てもらい、介護予防を目的とした療養上の管理や指導を受けます。

※2018（平成30）年9月30日まで算定可。

自己負担の目安／1回につき ＜下段は利用の限度回数＞*1					
医師・歯科医師	医療機関の薬剤師	薬局の薬剤師	管理栄養士	歯科衛生士等	看護師・保健師※
507円	558円	507円	537円	355円	402円
1か月間に2回	1か月間に2回	1か月間に4回*2	1か月間に2回	1か月間に4回	6か月間に2回

*1：単一建物居住者1人に対して行う場合。
*2：がん末期や中心静脈栄養を受けている場合は、週2回月8回までサービスを受けられます。

施設に通って利用する

通所介護（デイサービス）

デイサービスセンターなどに通い、入浴・食事などの日常生活上の援助のほか、機能訓練などのサービスを日帰りで受けます。

自己負担の目安／1回につき <通常規模型／7時間以上8時間未満利用の場合>				
要介護1	要介護2	要介護3	要介護4	要介護5
645円 [　　　]	761円 [　　　]	883円 [　　　]	1,003円 [　　　]	1,124円 [　　　]

※[　　]はあなたの地域の料金

食費・おむつ代・日常生活費（理美容代など）
（送迎費用は含まれています）

＋加算
入浴の介助を受けた場合：＋50円／日 [　　　　]
栄養改善サービスや口腔機能向上サービスを受けた場合：
　＋150円／回（月2回を限度）[　　　　]

通所リハビリテーション（デイケア）

介護老人保健施設や医療施設などに通い、理学療法士などの専門家による機能訓練（リハビリテーション）のほか、食事や入浴のサービスを日帰りで受けます。

自己負担の目安／1回につき
＜通常規模型／6時間以上7時間未満利用の場合＞

要介護1	要介護2	要介護3	要介護4	要介護5
667円	797円	924円	1,076円	1,225円
[　　]	[　　]	[　　]	[　　]	[　　]

※[　]はあなたの地域の料金

食費・おむつ代・日常生活費（理美容代など）
（送迎費用は含まれています）

＋加算

入浴の介助を受けた場合：＋50円／日［　　　］
集中的にリハビリテーションを受けた場合：
　＋110円／日［　　　］
栄養改善サービスや口腔機能向上サービスを受けた場合：
　＋150円／回（月2回を限度）［　　　］

《デイサービスとデイケアの違い》

デイサービスは、入浴・食事などの**日常生活の援助が中心**となりますが、デイケアは、医学的な**リハビリテーションが中心**となります。また、デイケアのサービスは**介護老人保健施設や介護医療院、病院・診療所に限られます**。ただ、実際には両者のサービスは共通する部分が多いため、区別はしにくいです。

介護保険利用ガイド編

介護予防通所リハビリテーション（デイケア）

　介護老人保健施設や医療施設などに通い、介護予防を目的とした理学療法士などの専門家による機能訓練（リハビリテーション）のほか、食事・入浴などの日常生活上の支援などの**共通サービス**と、その人の目標に合わせた**選択的サービス**を受けます。

<選択的サービスの種類>
①運動器機能向上サービス
②栄養改善サービス
③口腔機能向上サービス

自己負担の目安／1か月につき	
	共通サービス
要支援1	1,712円［　　　］
要支援2	3,615円［　　　］

※［　］はあなたの地域の料金

食費・おむつ代・日常生活費（理美容代など）
（送迎や入浴介助の費用は含まれています）

＋加算
上記の選択的サービスのうち
①運動器機能向上サービスを受けた場合：**+225円／月**［　　　］
②栄養改善サービスや、③口腔機能向上サービスを受けた場合：
　+150円／月［　　　］
①〜③のうち2つを組み合わせて受けた場合：
　+480円／月［　　　］
①〜③のすべてを組み合わせて受けた場合：**+700円／月**［　　　］

介護保険で利用できるサービス／通所リハビリテーション（デイケア）／介護予防通所リハビリテーション（デイケア）

施設に短期間入所して利用する

短期入所生活介護（ショートステイ）

特別養護老人ホームなどの福祉施設に短期間滞在し、食事・入浴・着替えなどの日常生活の介護や機能訓練などのサービスを受けます。

自己負担の目安／1日につき ＜併設型＞			
	従来型個室 （リビングなしの個室）	多床室 （定員4人以下）	ユニット型個室 （リビングありの個室）
要介護1	584円[ ]	584円[ ]	682円[ ]
要介護2	652円[ ]	652円[ ]	749円[ ]
要介護3	722円[ ]	722円[ ]	822円[ ]
要介護4	790円[ ]	790円[ ]	889円[ ]
要介護5	856円[ ]	856円[ ]	956円[ ]

※[   ]はあなたの地域の料金

滞在費（部屋代・光熱費）・食費・日常生活費（理美容代など）

送迎サービスを利用した場合：＋184円／片道[   ]

短期入所生活介護・短期入所療養介護の滞在費と食費については、低所得の方に対する負担軽減があります。詳しくは38～39ページの《滞在費・食費の負担軽減措置》を参照してください。

短期入所療養介護（ショートステイ）

介護老人保健施設や医療施設などに短期間滞在し、看護や医学的管理のもとで日常生活の介護や機能訓練などのサービスを受けます。

自己負担の目安／1日につき ＜基本型＞			
	従来型個室 （リビングなしの個室）	多床室 （定員4人以下）	ユニット型個室 （リビングありの個室）
要介護1	753円[　　]	826円[　　]	832円[　　]
要介護2	798円[　　]	874円[　　]	877円[　　]
要介護3	859円[　　]	935円[　　]	939円[　　]
要介護4	911円[　　]	986円[　　]	992円[　　]
要介護5	962円[　　]	1,039円[　　]	1,043円[　　]

※[　　]はあなたの地域の料金

滞在費（部屋代・光熱費）・食費・日常生活費（理美容代など）

送迎サービスを利用した場合：＋184円／片道[　　]

《利用期間には制限があります》

短期入所生活介護でも短期入所療養介護でも、短期入所サービスを利用する場合には、利用できる期間が、**1か月間で連続して30日以内**という制限があります。自宅での生活を維持してもらうためです。

介護予防短期入所生活介護（ショートステイ）

特別養護老人ホームなどの福祉施設に短期間滞在し、介護予防を目的とした食事・入浴・着替えなどの日常生活の支援や機能訓練などのサービスを受けます。

自己負担の目安／1日につき ＜併設型＞

	従来型個室 （リビングなしの個室）	多床室 （定員4人以下）	ユニット型個室 （リビングありの個室）
要支援1	437円[　　　]	437円[　　　]	512円[　　　]
要支援2	543円[　　　]	543円[　　　]	636円[　　　]

※[　]はあなたの地域の料金

滞在費（部屋代・光熱費）・食費・日常生活費（理美容代など）

送迎サービスを利用した場合：＋184円／片道[　　　　　]

《滞在費・食費の負担軽減措置》

低所得の方がショートステイを利用する際の滞在費と食費については、右のような負担限度額まで自己負担が軽減されます。市町村への申請が必要です。

※一定額以上の預貯金等がある方は対象外。

＊（介護予防）短期入所生活介護を利用した場合、1は320円、2は420円、3は820円となります（介護老人福祉施設を利用した場合も同じです）。

対象者	
市町村民税非課税世帯で老齢福祉年金を受給している方と生活保護を受給している方	
市町村民税非課税世帯	年金収入と合計所得の合計が80万円以下の方
	上記以外の方

介護予防短期入所療養介護（ショートステイ）

介護老人保健施設や医療施設などに短期間滞在し、看護や医学的管理のもとで介護予防を目的とした日常生活の支援や機能訓練などのサービスを受けます。

自己負担の目安／1日につき ＜基本型＞

	従来型個室 （リビングなしの個室）	多床室 （定員4人以下）	ユニット型個室 （リビングありの個室）
要支援1	578円[ ]	611円[ ]	621円[ ]
要支援2	719円[ ]	765円[ ]	778円[ ]

※[   ]はあなたの地域の料金

滞在費（部屋代・光熱費）・食費・日常生活費（理美容代など）

送迎サービスを利用した場合：＋184円／片道[   ]

介護予防の場合にも、利用期間の制限があります（➡P37）。

負担限度額

滞在費			食費
従来型個室	多床室	ユニット型個室	
490円*1	0円	820円	300円
490円*2	370円	820円	390円
1,310円*3	370円	1,310円	650円

施設で暮らしながら利用する

 特定施設入居者生活介護

　有料老人ホームや軽費老人ホームなどの施設に入居して、食事・入浴・排泄などの介護、そのほか日常生活上の世話や機能訓練などのサービスを受けます。

自己負担の目安／1日につき					
要介護1	要介護2	要介護3	要介護4	要介護5
534円	599円	668円	732円	800円
[　　　]	[　　　]	[　　　]	[　　　]	[　　　]

※[　　]はあなたの地域の料金

滞在費（部屋代・光熱費）・食費・おむつ代・日常生活費（理美容代など）

 介護予防特定施設入居者生活介護

　有料老人ホームや軽費老人ホームなどの施設に入居して、介護予防を目的とした日常生活上の支援などを受けます。

自己負担の目安／1日につき	
要支援1	要支援2
180円	309円
[　　　]	[　　　]

※[　　]はあなたの地域の料金

滞在費（部屋代・光熱費）・食費・おむつ代・日常生活費（理美容代など）

施設サービス

介護老人福祉施設（特別養護老人ホーム）

一般に「特養」と呼ばれます。原則として、要介護3～5の方*で、日常生活に常時介護が必要で、自宅では介護が困難な方が入所する施設です。食事・入浴・排泄などの介護、そのほか日常生活上の世話や機能訓練、健康管理などのサービスを受けます。生活介護が中心の施設です。

*要介護1～2の方でも、一定の要件に該当する場合には、例外的に入所が認められます（特例入所制度）。

自己負担の目安／1日につき			
	従来型個室 （リビングなしの個室）	多床室 （定員4人以下）	ユニット型個室 （リビングありの個室）
要介護1	557円[　　]	557円[　　]	636円[　　]
要介護2	625円[　　]	625円[　　]	703円[　　]
要介護3	695円[　　]	695円[　　]	776円[　　]
要介護4	763円[　　]	763円[　　]	843円[　　]
要介護5	829円[　　]	829円[　　]	910円[　　]

※[　　]はあなたの地域の料金

滞在費（部屋代・光熱費）・食費・日常生活費（理美容代など）

施設サービスを利用する場合にも、ショートステイの利用時と同様の低所得の方への滞在費と食費の負担軽減措置があります（➡P38～39）。

介護老人保健施設

一般に「老健」と呼ばれます。病状が安定し、リハビリに重点を置いたケアが必要な方が入所する施設です。医学的な管理のもとでの介護、そのほか日常生活上の世話や機能訓練などを受けます。

自己負担の目安／1日につき＜基本型＞			
	従来型個室 （リビングなしの個室）	多床室 （定員4人以下）	ユニット型個室 （リビングありの個室）
要介護1	698円[　　]	771円[　　]	777円[　　]
要介護2	743円[　　]	819円[　　]	822円[　　]
要介護3	804円[　　]	880円[　　]	884円[　　]
要介護4	856円[　　]	931円[　　]	937円[　　]
要介護5	907円[　　]	984円[　　]	988円[　　]

※[　　]はあなたの地域の料金

滞在費（部屋代・光熱費）・食費・日常生活費（理美容代など）

《施設サービスでヘルパーに頼めないこと》

施設サービスでは、散髪（理美容）のサービスをヘルパーさんには頼めません。※施設によっては、定期的に理・美容師が来て実費で散髪等を頼めます。

介護療養型医療施設（療養病床等）

急性期の治療が終わり、長期の療養を必要とする方が入院する施設です。医療、看護、医学的管理のもとでの介護、そのほか日常生活上の世話や機能訓練などを受けます。医療が中心の施設です。

＊2024（平成36）年3月31日をもって廃止されます。

自己負担の目安／1日につき＜療養型＞

	従来型個室 （リビングなしの個室）	多床室 （定員4人以下）	ユニット型個室 （リビングありの個室）
要介護1	641円[　　]	745円[　　]	767円[　　]
要介護2	744円[　　]	848円[　　]	870円[　　]
要介護3	967円[　　]	1,071円[　　]	1,093円[　　]
要介護4	1,062円[　　]	1,166円[　　]	1,188円[　　]
要介護5	1,147円[　　]	1,251円[　　]	1,273円[　　]

※[　　]はあなたの地域の料金

滞在費（部屋代・光熱費）・食費・日常生活費（理美容代など）

《夫婦の場合の特例》

38〜39ページの《滞在費・食費の負担軽減措置》の対象とならない夫婦のどちらかが施設に入った場合の滞在費と食費については、一定の要件のもとで、特別の負担軽減措置があります。
詳しくは市町村の担当窓口に相談してください。

介護医療院

病状が安定期にあり、主に長期の療養が必要とする方が入院する施設です。療養上の管理、看護、医学的管理のもとでの介護、そのほか必要な医療と日常生活上の世話や機能訓練などを受けます。医療機能と生活施設としての機能を併せ持った施設です。

自己負担の目安／1日につき
<Ⅰ型（介護療養病床相当）の場合>

	従来型個室 （リビングなしの個室）	多床室 （定員4人以下）	ユニット型個室 （リビングありの個室）
要介護1	694円[　]	803円[　]	820円[　]
要介護2	802円[　]	911円[　]	928円[　]
要介護3	1,035円[　]	1,144円[　]	1,161円[　]
要介護4	1,134円[　]	1,243円[　]	1,260円[　]
要介護5	1,223円[　]	1,332円[　]	1,349円[　]

<Ⅱ型（老人保健施設相当）の場合>

	従来型個室 （リビングなしの個室）	多床室 （定員4人以下）	ユニット型個室 （リビングありの個室）
要介護1	649円[　]	758円[　]	819円[　]
要介護2	743円[　]	852円[　]	919円[　]
要介護3	947円[　]	1,056円[　]	1,135円[　]
要介護4	1,034円[　]	1,143円[　]	1,227円[　]
要介護5	1,112円[　]	1,221円[　]	1,310円[　]

※[　]はあなたの地域の料金

滞在費（部屋代・光熱費）・食費・日常生活費（理美容代など）

介護保険利用ガイド編

介護保険で利用できるサービス

介護医療院／定期巡回・随時対応型訪問介護看護

地域密着型サービス

定期巡回・随時対応型訪問介護看護

ホームヘルパーや看護師などに定期的に自宅を訪問してもらい、日常生活の援助や診療の補助を受けます（**定期巡回**）。また、連絡するとスタッフが相談に応じたり（**随時対応**）、必要に応じて訪問してもらい、介護や看護のサービスを受けます（**随時訪問**）。

自己負担の目安／1か月につき <訪問看護を行う一体型の場合>				
要介護1	要介護2	要介護3	要介護4	要介護5
8,267円 [ ]	12,915円 [ ]	19,714円 [ ]	24,302円 [ ]	29,441円 [ ]
<連携型の場合>				
要介護1	要介護2	要介護3	要介護4	要介護5
5,666円 [ ]	10,114円 [ ]	16,793円 [ ]	21,242円 [ ]	25,690円 [ ]

※[　]はあなたの地域の料金

加算

緊急時訪問看護を受けた場合：＋315円／月［　　　　　］
ターミナルケアを受けた場合：＋2,000円／死亡日及び死亡日前14日以内に2日以上［　　　　　］

45

夜間対応型訪問介護

ホームヘルパーなどに夜間定期的に自宅を巡回してもらったり、連絡をして自宅に来てもらい、排泄の介護や緊急時の援助などのサービスを受けます。

自己負担の目安			
オペレーションセンター設置の有無			
ある場合			ない場合
オペレーションサービス	定期巡回サービス	随時訪問サービス	定期巡回・随時訪問サービス
1,009円／月 [ ]	378円／回 [ ]	576円／回 [ ]	2,742円／月 [ ]

※[   ]はあなたの地域の料金

介護保険利用ガイド編

地域密着型通所介護

老人デイサービスセンターなどに通い、入浴・排泄・食事などの介護、生活などに関する相談・助言、健康状態の確認、そのほか必要な日常生活上の世話や機能訓練などのサービスを受けます。

自己負担の目安／1回につき <7時間以上8時間未満利用の場合>				
要介護1	要介護2	要介護3	要介護4	要介護5
735円 [　　　]	868円 [　　　]	1,006円 [　　　]	1,144円 [　　　]	1,281円 [　　　]

※[　]はあなたの地域の料金

食費・おむつ代・日常生活費（理美容代など）
（送迎費用は含まれています）

入浴の介助を受けた場合：**+50円／日**[　　　　]
栄養改善サービスや口腔機能向上サービスを受けた場合：
　+150円／回（月2回が限度）[　　　　]

《療養通所介護》

　難病やがん末期などで重度の要介護状態にあり、医療的対応を必要とする方を対象に、看護師が常時介護に当たり、入浴・食事・機能訓練などのサービスを受けるものです。6時間以上8時間未満の利用で、自己負担は1回につき、**1,511円**[　　　　]です。
　別途、食費や日常生活費などの実費負担があります。

認知症対応型通所介護

特別養護老人ホームなどの施設に通い、入浴・食事などの日常生活上の援助や、機能訓練などのサービスを受けます。

認知症の方を対象としたサービスです。

自己負担の目安／1回につき ＜併設型／7時間以上8時間未満利用の場合＞				
要介護1	要介護2	要介護3	要介護4	要介護5
885円 [　　　]	980円 [　　　]	1,076円 [　　　]	1,172円 [　　　]	1,267円 [　　　]

 ※［　　］はあなたの地域の料金

食費・おむつ代・日常生活費（理美容代など）
（送迎費用は含まれています）

＋加算
入浴の介助を受けた場合：**＋50円**／日［　　　　］
栄養改善サービスや口腔機能向上サービスを受けた場合：
　＋150円／回（月2回が限度）［　　　　］

 ## 小規模多機能型居宅介護

自宅から通うことを中心に、必要に応じてホームヘルパーに来てもらったり、短期間事業所に泊まったり、多機能なサービスを受けます。

自己負担の目安／1か月につき					
要介護1	要介護2	要介護3	要介護4	要介護5	
10,320円 [ ]	15,167円 [ ]	22,062円 [ ]	24,350円 [ ]	26,849円 [ ]	

※[　]はあなたの地域の料金

滞在費（部屋代・光熱費）・食費・おむつ代・日常生活費（理美容代など）

このサービスと同時に利用できるのは、訪問看護、訪問リハビリテーション、居宅療養管理指導、福祉用具貸与、福祉用具購入、住宅改修のみで、これら以外の居宅サービスやほかの地域密着型サービスは受けられません。

認知症対応型共同生活介護（グループホーム）

認知症の方が、家庭的な雰囲気の中で少人数での共同生活をしながら、食事・入浴・排泄などの介護を受けます。家庭的な環境と地域住民との交流のもと、住み慣れた環境で生活することを目的とします。

自己負担の目安／1日につき					
要介護1	要介護2	要介護3	要介護4	要介護5	
759円 [ ]	795円 [ ]	818円 [ ]	835円 [ ]	852円 [ ]	

※[　]はあなたの地域の料金

滞在費（部屋代・光熱費）・食費・おむつ代・日常生活費（理美容代など）

地域密着型特定施設入居者生活介護

定員29人以下の介護付有料老人ホームに入居して、食事・入浴・排泄などの日常生活上の支援や機能訓練などを受けます。

自己負担の目安／1日につき				
要介護1	要介護2	要介護3	要介護4	要介護5
534円 [ ]	599円 [ ]	668円 [ ]	732円 [ ]	800円 [ ]

※[　]はあなたの地域の料金

滞在費（部屋代・光熱費）・食費・おむつ代・日常生活費（理美容代など）

 ## 地域密着型介護老人福祉施設入所者生活介護

原則として、要介護3～5の方*が、定員29人以下の小規模な特別養護老人ホームに入居して、食事・入浴・排泄などの日常生活上の支援や機能訓練などを受けます。

自己負担の目安／1日につき			
	従来型個室（リビングなしの個室）	多床室（定員4人以下）	ユニット型個室（リビングありの個室）
要介護1	565円[ ]	565円[ ]	644円[ ]
要介護2	634円[ ]	634円[ ]	712円[ ]
要介護3	704円[ ]	704円[ ]	785円[ ]
要介護4	774円[ ]	774円[ ]	854円[ ]
要介護5	841円[ ]	841円[ ]	922円[ ]

※[　]はあなたの地域の料金

滞在費（部屋代・光熱費）・食費・日常生活費（理美容代など）

＊要介護1～2の方でも、特例入所の制度（ P41）があります。

看護小規模多機能型居宅介護（複合型サービス）

　1つの事業所から2種類以上のサービスを組み合わせて受けます。自宅から通うことを中心に、必要に応じてホームヘルパーに来てもらったり、短期間事業所に泊まったりするサービス（**小規模多機能型居宅介護**）と、看護師に自宅に来てもらうサービス（**訪問看護**）を組み合わせて受けます。

自己負担の目安／1か月につき

要介護1	要介護2	要介護3	要介護4	要介護5
12,341円	17,268円	24,274円	27,531円	31,141円
[　　]	[　　]	[　　]	[　　]	[　　]

※[　　]はあなたの地域の料金

滞在費（部屋代・光熱費）・食費・おむつ代・日常生活費（理美容代など）

＋加算
緊急時訪問看護を受けた場合：**+574円**／月［　　　　］
ターミナルケアを受けた場合：
　+2,000円／死亡日及び死亡日前14日以内に2日以上［　　　　］

　このサービスと同時に利用できるのは、訪問リハビリテーション、居宅療養管理指導、福祉用具貸与、福祉用具購入、住宅改修のみで、これら以外の居宅サービスやほかの地域密着型サービスは受けられません。

介護予防認知症対応型通所介護

軽度の認知症の方が対象で、デイサービスセンターなどの施設に通い、介護予防の目的で入浴・食事・排泄などの日常生活上の支援、機能訓練などを受けます。

自己負担の目安／1回につき <旧併設型／7時間以上8時間未満利用の場合>	
要支援1	要支援2
766円［　　　］	855円［　　　］

※［　］はあなたの地域の料金

食費・おむつ代・日常生活費（理美容代など）
（送迎費用は含まれています）

加算
入浴の介助を受けた場合：+50円／日［　　　］
栄養改善サービスや口腔機能向上サービスを受けた場合：
　+150円／月［　　　］

介護予防小規模多機能型居宅介護

自宅から通うことを中心に、必要に応じてホームヘルパーに来てもらったり、短期間事業所に泊まったり、多機能なサービスを受けます。

自己負担の目安／1か月につき	
要支援1	要支援2
3,403円[　　]	6,877円[　　]

※[　]はあなたの地域の料金

➕ 滞在費(部屋代・光熱費)・食費・おむつ代・日常生活費(理美容代など)

このサービスと同時に利用できるのは、介護予防訪問看護、介護予防訪問リハビリテーション、介護予防居宅療養管理指導、介護予防福祉用具貸与、介護予防福祉用具購入、介護予防住宅改修のみで、これら以外の介護予防サービスやほかの地域密着型介護予防サービスは受けられません。

介護予防認知症対応型共同生活介護（グループホーム）

認知症の方が、家庭的な雰囲気の中で少人数での共同生活をしながら、食事・入浴・排泄などの介護を受けます。

共同生活住居が1つの場合

自己負担の目安／1日につき
要支援2
755円[　　]

※[　]はあなたの地域の料金

➕ 滞在費(部屋代・光熱費)・食費・おむつ代・日常生活費(理美容代など)

福祉用具サービス

福祉用具サービスの内容

対象品目は限定

介護保険サービスの対象となる福祉用具は決められています。介護保険を利用できない福祉用具もあります。

レンタルが原則

貸与（レンタル）と購入がありますが、介護保険では利用者の身体状況の変化を考慮して、レンタルして使うことを原則とします。

レンタルの内容は要介護度で異なる

要支援1・2、要介護1の方と、要介護2～5の方では、レンタルできる用具が異なります。

利用限度額内での利用

福祉用具は、利用限度額内で利用することができます。➡P15
借りられる用具の数に制限はありませんが、限度額を超えたサービス利用分は全額自己負担となります。

福祉用具のレンタルの流れ

ケアマネジャーに相談
ケアマネジャーが心身の状態や環境、生活歴などを把握し、課題を分析します。

福祉用具を選ぶ〜契約
福祉用具専門相談員のアドバイスのもとに福祉用具を選び、サービス担当者と話し合いをし、ケアプランを作成してから、指定事業者とレンタル契約を結びます。

費用の支払い
毎月、指定事業者へレンタル費用の1割*を支払います。

＊自己負担割合 ▶ P14

《福祉用具専門相談員とは》

　福祉用具のレンタルや購入時に、用具の選び方や正しい使い方についてアドバイスを行う福祉用具サービスの専門職。介護保険の指定福祉用具貸与・販売事業所には、常勤で2名以上の配置が義務付けられています。

福祉用具のレンタル対象品目

※★印の付いた用具は、原則として要介護1の方は対象外です

車いす★ ➡P61

車いす付属品★

※クッション、電動補助装置など

床ずれ防止用具★

※起き上がり補助装置を含む

体位変換器★

特殊寝台★ ➡P62

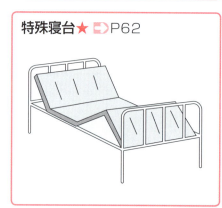

特殊寝台付属品★ ➡P62

マットレス
介助用バー
サイドレール

※マットレス、サイドレールなど

介護保険利用ガイド編

介護保険で利用できるサービス
福祉用具のレンタル対象品目

手すり

※工事不要のもの

認知症老人徘徊感知機器★

※離床センサーを含む

歩行器 ➡P65

歩行補助杖 ➡P66

スロープ

※工事不要のもの

移動用リフト★ ➡P67

自動排泄処理装置
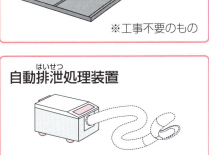
※本体部分のみ。基本は要介護4・5のみ

自己負担の目安／1か月につき
レンタル金額の1割*

＊自己負担割合 ➡P14

57

介護予防福祉用具のレンタル対象品目

※要介護1の方も対象となります

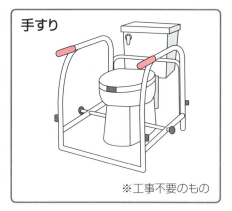

手すり

※工事不要のもの

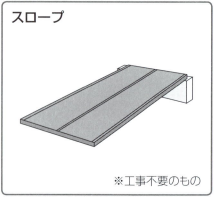

スロープ

※工事不要のもの

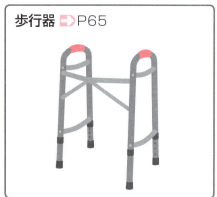

歩行器 ➡P65

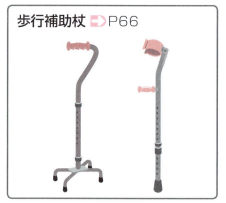

歩行補助杖 ➡P66

自己負担の目安／1か月につき
レンタル金額の1割＊

＊自己負担割合 ➡P14

介護保険利用ガイド編 / 介護保険で利用できるサービス / 介護予防福祉用具のレンタル対象品目／福祉用具購入の流れ

福祉用具購入の流れ

ケアマネジャーに相談

ケアマネジャーが心身の状態や環境、生活歴などを把握し、課題を分析します。

↓

福祉用具を選ぶ〜購入

福祉用具専門相談員のアドバイスのもとに福祉用具を選び、サービス担当者と話し合いをし、ケアプランを作成してから、指定事業者から**介護保険給付の対象となる福祉用具**を購入します。

↓

費用の支払い

指定事業者へ購入費用の**全額**を支払います*1。

↓

費用支給の申請

申請書に領収書、購入した商品のパンフレットなどを添えて市町村の窓口に提出し、購入費用の支給を申請します。

↓

費用の支給

市町村から、購入費用の**9割**の支給*2を受けます。

---

*1：例外として、市町村に登録した事業者から購入した場合には、利用者が購入費用の**1割**を事業者に支払い、市町村から残りの**9割**が事業者に支給される**受領委任払い**という制度を採用している市町村もあります。

*2：2018（平成30）年8月から、自己負担割合（➡P14）が2割の方は8割、3割の方は7割の支給になります。

福祉用具の購入対象品目

腰掛便座 ➡P63

移動用リフトのつり具の部分

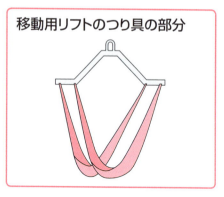

入浴補助用具 ➡P64

自動排泄処理装置

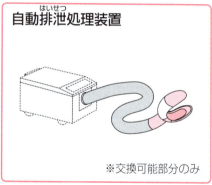

※交換可能部分のみ

簡易浴槽

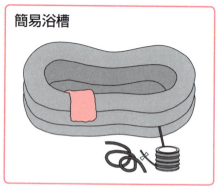

自己負担の目安
購入金額の1割*

1年間（4月1日～翌年3月31日）に購入金額10万円を限度として、1割の自己負担で購入することができます。

＊自己負担割合 ➡P14

介護保険利用ガイド編

車いす

自走用標準型車いす

後輪の外側に付いている輪（ハンドリム）を押して進む普及タイプで、本人の手で駆動できるのが特徴です*。方向転換ができ、室内や屋外を自分で走行することができます。

介助用標準型車いす

移動操作を介助者が行うことを前提にした車いすです。見た目はほとんど自走用と変わりませんが、後輪の外側には輪（ハンドリム）がありません*。室内・屋外とも介助者がいないと移動できません。

＊ティルト機能、リクライニング機能、パワーアシスト機能が付いたものも対象となります。

普通型電動車いす

四肢（手足）に障害を持った方や、上肢の力が弱く、手による駆動が困難な方用で、電動モーターで車輪を駆動させます。ジョイスティックなどの操作レバーを使い、少ない力で操作できます。

《車いすの選び方》

　自分で駆動できる方は自走用、できない方は介助用もしくは電動車いすを選ぶのが基本です。
　身体機能レベル（座位を保てるか、ベッドへの移乗をするかなど）や、利用目的（使用場所・時間など）を考慮して選びます。

特殊寝台・特殊寝台付属品

特殊寝台：マットレスを載せる本体部分が背、腰、脚の3つの部分、もしくはそれ以上に分割されていて、背部や脚部の傾斜角度を調整できるもの。

特殊寝台付属品：マットレスやベッドサイドのテーブル、介助用バー、サイドレール、移乗用のボードやシートなど。

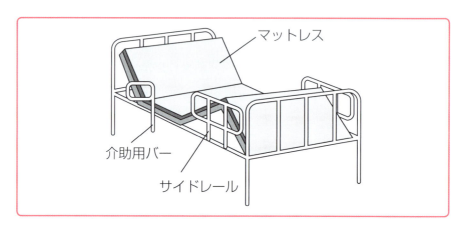

《特殊寝台の選び方》

① **身体の大きさに合わせる**
　股関節とベッドの背が上がる位置（a）、ひざとベッドのひざが上がる位置（b）を合わせます。

② **背上げで身体がずれない**
　ベッドの背を上げたとき、身体がずれずに起こせるものを選びます。

③ **座った姿勢で足裏が床につく**
　ベッドの端に座った姿勢で足裏がきちんと床に着く高さのものを選びます。

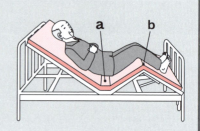

腰掛便座

据置式便座

和式便器の上に置いて、洋式の便座として使用するもの。

補高便座

洋式便器の上に置いて高さを補い、立ち座りをしやすくするもの。

ポータブルトイレ

簡単に移動でき清掃に便利なもの（水洗式も含む）。電動式で便座から立ち上がる際に補助できる機能付きのものもある。トイレまでの移動が困難な場合に使われる。

入浴補助用具

浴槽用手すり
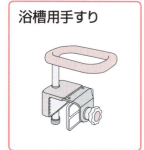

浴槽内いす

入浴用いす

浴室内すのこ
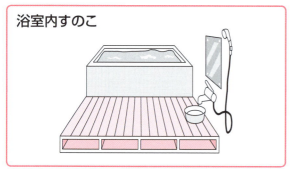

洗い場に設置して、浴室の床と脱衣室の床との段差を解消したり、床を上げて、浴槽縁の高さを低くしたりするもの。

入浴用介助ベルト
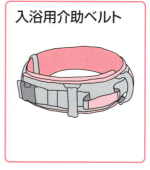

身体に直接装着し、浴槽への出入りなどの介助を容易にするもの。

浴槽内すのこ

浴槽の中に設置して、浴槽の深さを調整するもの。

バスボード
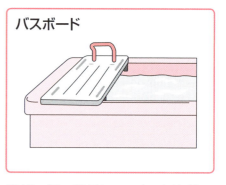

浴槽の縁に設置して、座った姿勢で出入りできるようにするもの。

介護保険利用ガイド編

歩行器

固定型歩行器

両手で歩行器を持ち上げて前へ運んで進むもの。ベッドやいすからの立ち上がりにも使用できる。

交互型歩行器

左右の握り手を前方に交互に動かし、それに合わせて体重を交互に移動させて進むもの。

車輪付歩行器

脚部に車輪の付いたもの。2輪、3輪、4輪、5輪、6輪のものがある。

肘支持型歩行器

フレーム上部の馬蹄形のパッドで前腕部や脇を支えて歩行するもの。

介護保険で利用できるサービス　入浴補助用具／歩行器

65

歩行補助杖

多点杖

松葉杖

ロフストランドクラッチ
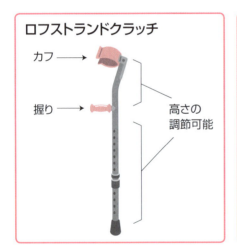
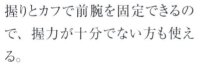

プラットホームクラッチ

握りとカフで前腕を固定できるので、握力が十分でない方も使える。

手指の変形や関節炎で痛みのある方、握力のない方、肘(ひじ)関節に伸展(しんてん)制限のある方など向け。

※一般によく使われているステッキ（1本杖）は介護保険の対象外です。

介護保険利用ガイド編

介護保険で利用できるサービス

🍀 移動用リフト

立ち上がり補助いす
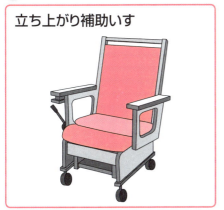

段差解消機

入浴用リフト
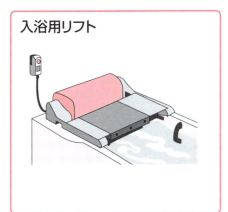

床走行式リフト

固定式リフト

据置式リフト

歩行補助杖／移動用リフト

《ケアマネジャーとは》

　ケアマネジャー(介護支援専門員、略称ケアマネ)は、介護保険法に基づいて各都道府県が認定している公的資格です。

　介護保険サービスを活用する際に、利用者と各種サービス事業者・市町村との間に立って連絡・調整を行う、いわば"介護保険の道先案内人"です。

　具体的には…

介護保険サービスの利用開始時

- ご本人・ご家族の状況や意向を聴き、課題を分析(アセスメント)して、介護サービスを利用するための計画書(ケアプラン)を作成します。ケアプランの作成は無料です。
- ケアプランを実行してくれるサービス事業者について提案します。

介護保険サービスを利用中

- サービスの実施状況を定期的に確認し、相談に応じたり、助言をします。
- サービス事業者や主治医との連絡・調整を行います。
- 役所への届出や申請の代行をします。

住宅改修サービス

住宅改修サービスの仕組み

対象サービスは限定

介護保険の対象となる住宅改修は、次の**6種類**に限られます。
①**手すり**の取り付け
②**段差**の解消
③**床材**の変更
④**扉**の取り替え
⑤**便器**の取り替え
⑥これら①〜⑤**の各工事に関連して必要**と認められるもの

利用限度額は一律

利用限度額は要介護度に関係なく、一律**20万円**です。 ➡P15
これを超えた分は全額自己負担となります。

費用はいったん全額支払い

改修費用はいったん事業者に**全額**を支払い、後日、市町村に申請することで、その**9割**が戻ってきます*。

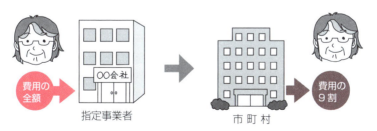

＊例外として、市町村に登録した事業者が改修工事をした場合には、利用者が改修費用の**1割**を事業者に支払い、市町村から残りの**9割**が事業者に支給される**受領委任払い**という制度を採用している市町村もあります。なお、自己負担割合（➡P14）に応じて支給割合が異なります。

住宅改修の流れ

ケアマネジャー・市町村の担当係・地域包括支援センターなどに相談

↓

利用者が施工業者に見積書の作成を依頼

↓

市町村の役所に必要書類を提出

必要書類（市町村の指定あり）
- 住宅改修給付申請書
- 見積書および内訳明細書
- 図面
- 住宅改修が必要な理由書
- 改修前の日付の入った写真
- 所有者の承諾書（アパート・貸家など）

↓

審査・決定

↓

工事の実施

↓

市町村の役所に必要書類を提出

必要書類（市町村の指定あり）
- 領収証（原本）および工事費内訳書
- 改修後の日付の入った写真

↓

住宅改修費の支給

対象となる住宅改修（介護予防も含む）

手すりの取り付け	玄関、廊下、トイレ、浴室などに手すりを取り付けて転倒を防止し、移動しやすくする（取り付けのための下地補強も含みます）
段差の解消	敷居の取り外し、スロープを設置する（それに伴う転落防止柵の設置）、通路などの傾斜の解消。給排水設備工事
床材の変更	滑りにくい床材にしたり、フローリングにする。下地補強
扉の取り替え	開き戸の改修、引き戸の新設、ドアノブの変更、扉の撤去など。これに伴う壁・柱の改修工事
便器の取り替え	和式から洋式への取り替え、便器の位置・向きの変更、床材の変更など。給排水設備工事

詳しい内容は、72ページ以降参照

自己負担の目安

改修費用の1割*

*自己負担割合 ➡ P14

改修費用の限度額は住宅1軒につき20万円まで。自己負担は1割*なので、**払い戻しを受けられる額は18万円まで**。20万円までであれば、何度かに分けて改修工事を行うこともできます。
3段階（要支援は4段階）以上要介護度が上がった場合や、転居した場合は、再度の利用ができます。

改修のポイント① エントランス

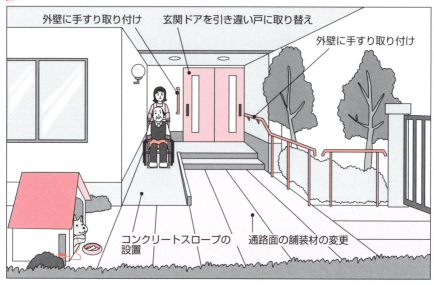

アプローチの段差解消など

エントランスの階段をなだらかなコンクリートスロープに変える
転落防止柵の設置
通路に至るアプローチ部分の舗装材を滑りにくいものに変える　など。

外壁に手すりを取り付ける

玄関ドア周辺は、バランスを崩しやすいところ。外壁にちょっとした手すりが設置されていると助かります。階段に沿うように、自分の身長に合った高さの手すりが取り付けてあれば、なお安心です。

玄関ドアを引き違い戸に取り替える

車いすの全幅は最大65cm位で、一般的な玄関ドアだとほとんど余裕がありません。車いすに適した引き違い戸に取り替える工事も対象になります。

改修のポイント② 玄関

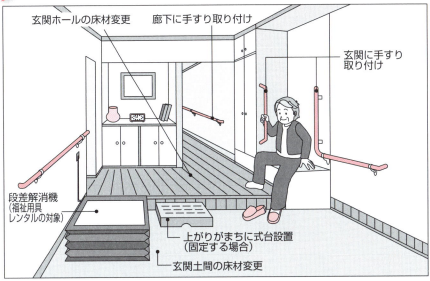

上がりがまちの段差の解消

上がりがまちの段差を解消させる台（固定する場合）を設置することが有効です。車いす用の段差解消機（電動式・油圧式など）の設置は、住宅改修ではなく、福祉用具レンタルの対象となります。

壁や廊下に手すりを取り付ける

床面と平行のものだけでなく、縦方向の手すり、L字型の長めの手すりを併設すると有効です。

床材の変更

玄関ホール・土間の床材は滑りやすくなっているので、これを滑りにくい床材へ変更した場合も、住宅改修の対象となります。

改修のポイント③ 階段・廊下

廊下の改修

車いすでの走行をスムーズにするために床材をフローリングに変える工事や、それに付帯する下地補強などが対象になります。
つまずき防止や移動の安全のため、敷居の撤去、すりつけ板を取り付ける方法などがあります。

階段に手すりを取り付けるなど

階段の手すりは切れ目のない連続した１本の手すりがよく、下階に足が着く位置まで長めに取り付けます。
滑落防止のためには、滑り止めカーペットの取り付けや、表面加工などの方法があります。

改修のポイント④ トイレ

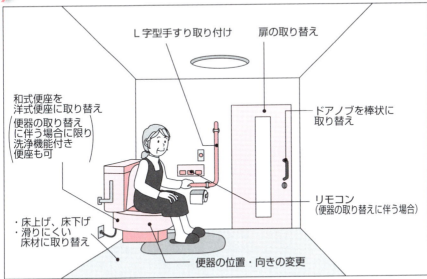

和式便器を洋式便器に

足腰に負担がかからない、安定した姿勢で用を足せる洋式便器に取り替えます。洋式便器のかさ上げも対象となります。
洗浄機能付き便座やリモコンの設置は、和式便器から洋式便器への変更時にのみ可能です。

動作に合わせた手すりを取り付ける

L字型手すりがあれば、立ち座り動作、車いすからの乗り移り動作がスムーズにできて安全です。

ドアやノブを取り替える

ドアを引き戸にするとともに、ドアノブを棒状の把手（とって）に変えることで、車いすでもラクに出入りできるようになります。

改修のポイント⑤ 浴室

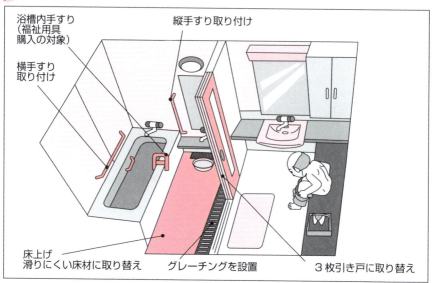

必ず手すりを取り付ける

浴槽につかった状態を支える横手すり、浴槽から立ち上がるときの支えになる縦手すりは最低限必要です。浴槽内での身体の支えが必要な場合には、グリップ付きの浴槽内手すり（福祉用具購入の対象）もあります。

浴室への出入りをしやすくする

ドアを3枚引き戸に変更すると、浴室への出入りがしやすくなります。浴室の床は、排水の関係から洗面・脱衣室より15cm程度低いことが多く、つまずきやすいため、グレーチングを設置し、床上げをして段差を解消する工事も必要です。

改修のポイント⑥ 居室・寝室

敷居の段差をなくす

敷居の段差は、つまずきやすく、車いすの移動には障害となるので、敷居を撤去するか、スロープなどを設置するとよいでしょう。

掃き出し窓にスロープを設置するなど

寝室が1階にあり、庭や駐車場に面している場合は、掃き出し窓にスロープを設置すると、外へ出る際に便利です。移動手段が車いすの場合、寝室の床もフローリングに変える必要があります。

介護保険と医療保険の関係

介護保険と医療保険の違い

	介護保険	医療保険
目的	病気からの回復を含めた「自立した生活の支援」	病気そのものの治療や回復
認定の要否	要介護認定が必要	不要
自己負担	1割 ➡ P14	1割*

＊75歳以上の方の場合（70〜74歳の方は2割または3割の場合もあり）

介護サービスと医療サービスの関係

介護保険と医療保険のサービスが同一の場合、介護保険が優先します。

居宅サービスの場合は次のような関係になります。

介護保険	共通のサービス	医療保険
●訪問介護 ●訪問入浴介護 ●通所介護 ●短期入所生活介護	●訪問看護 ●訪問リハビリテーション ●通所リハビリテーション ●短期入所療養介護 ●居宅療養管理指導	●訪問診療 ●投薬 ●検査 ●処置

以下の方が訪問看護を受けた場合、介護保険ではなく、医療保険からの給付となります。
●厚生労働大臣が定める次の疾病の方
・末期の悪性腫瘍　　・多発性硬化症　　・脊髄小脳変性症　・スモン
・重症筋無力症　　　・ハンチントン病　・ライソゾーム病　・プリオン病
・筋萎縮性側索硬化症　・球脊髄性筋萎縮症　・進行性筋ジストロフィー症
・脊髄性筋萎縮症　　・亜急性硬化性全脳炎　・副腎白質ジストロフィー
・後天性免疫不全症候群　・慢性炎症性脱髄性多発神経炎
・パーキンソン病関連疾患（進行性核上性麻痺、大脳皮質基底核変性症、パーキンソン病※）
・多系統萎縮症（線条体黒質変性症、オリーブ橋小脳萎縮症、シャイ・ドレーガー症候群）
・頸髄損傷または人工呼吸器を使用している状態及び急性増悪期の場合
※ホーエン・ヤールの重症度分類がステージ3以上であって、生活機能障害度がⅡ度またはⅢ度のものに限る
●急性増悪等により、一時的に頻繁な訪問看護が必要で、医師から特別訪問看護指示書が出されている方

スキルアップ編

ケアマネジャーの仕事の基本は、「マネジメント＝調整」です。様々な職種の方との調整は大変な仕事です。
ここでは、現場で活躍するケアマネジャーさんたちが実際に日々行っている、すぐにでも実践できる他職種との調整のポイントや、業務の進め方のコツなどを取り上げています。
新人の方はもちろん、経験を積んだ方でも、様々な方法や考え方を学び、ケアマネジメントの質を高めていってください。

ニーズの分析と課題解決のポイント

同じニーズでも、原因は様々。課題解決も様々

　ケアマネジメントを展開する際には、利用者一人ひとりの個別性に配慮した課題解決方法を見出す必要があります。ある利用者が、

「安全に入浴したい」

という**ニーズ（要望）**を持っていたとします。要望があるということは、利用者は実際は「安全に入浴できていない」ので、介護サービスを設計・提供する側は、その**「要望」を介護サービスなどを通じて解決しなくてはなりません（課題）**。つまり、利用者のニーズは、そのままサービス提供者にとっては解決すべき課題なのです。

安全にお風呂に入りたいなぁ
ニーズ＝課題

　ところで、この「課題」の解決方法は、例えば単純に

「デイサービスに行けばいい」

と考えればよいというものではありません。というのも、利用者が「なぜ今、安全に入浴ができないのか」、その**根本的な理由が、利用者によって様々**だからです。

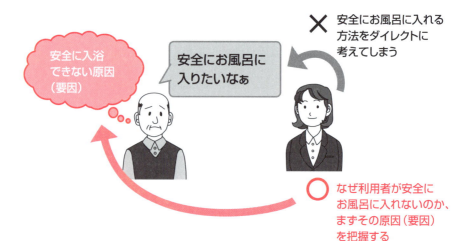

安全に入浴できない原因（要因）

安全にお風呂に入りたいなぁ

✕ 安全にお風呂に入れる方法をダイレクトに考えてしまう

○ なぜ利用者が安全にお風呂に入れないのか、まずその原因（要因）を把握する

スキルアップ編　ポイント1

ニーズの分析と課題解決のポイント

同じニーズでも、原因は様々。課題解決も様々

要望している理由（生活上の阻害因子）は何なのか、大きく分けると次の3種に分類できます。

身体的要因
手足が思うように動かなくて湯につかるのがやっと。出てから服を着るまでも時間がかかって風邪をひきかけた

心理的要因
湯船でうとうとして息苦しくて目が覚めた。また同じことがあったら…

環境的要因
バスタブの縁が高くて…。この間バランスを崩して湯船に頭から突っ込んだ

「**身体的**要因」…**身体に障害など**があって一人での入浴が困難、など
「**心理的**要因」…以前入浴中に居眠りをしてしまったなどの理由から、
　　　　　　　　　一人で入浴することを**不安に感じている**、など
「**環境的**要因」…風呂の**バスタブの縁が高すぎて**跨ぎ越しが危険、など

これら3つのうち、利用者の「安全に入浴できない要因」はどこにあるのか、それによって「課題解決」の方法も変わります。なお、注意が必要なのが、**要因は1つではなく、複合的であることが多い**ということ。課題解決はそれら要因のバランスをみて導き出す必要があります。

さらに、解決方法がそれらの要因を取り除くのにぴったりだとしても、その解決方法が利用者にとって、**ニーズが満たされる以上にいやな**場合もあります。例えば、マヒがあって入浴には介助が必要＋自宅の風呂場が狭い→デイサービスで入浴、が一番いい解決方法だとしても、利用者が「**マヒのある姿を近所の人に見られるくらいなら、お風呂に入れなくてもいい**」と訴えるようなケースです。こういった心情にも配慮しながら、「課題解決」を行うことが大切です。

次ページより、**よくある「ニーズ」について、その課題解決方法**の一例を、**フローチャート**で紹介します。これらはあくまで参考です。実際にはアセスメントを十分に行った上で、その方に合ったケアプランを作成していきましょう。

入浴の課題解決方法
ニーズ：「入浴して身体を清潔に保ちたい」

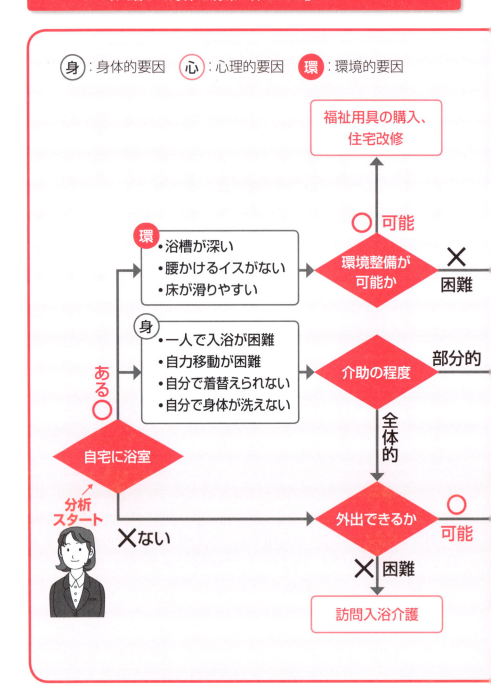

スキルアップ編　ポイント1
ニーズの分析と課題解決のポイント
入浴の課題解決方法

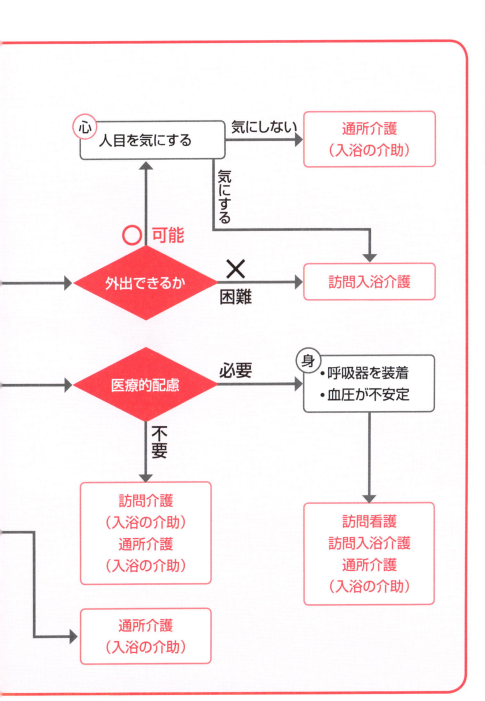

食事の課題解決方法
ニーズ：「栄養バランスのある食生活を送りたい」

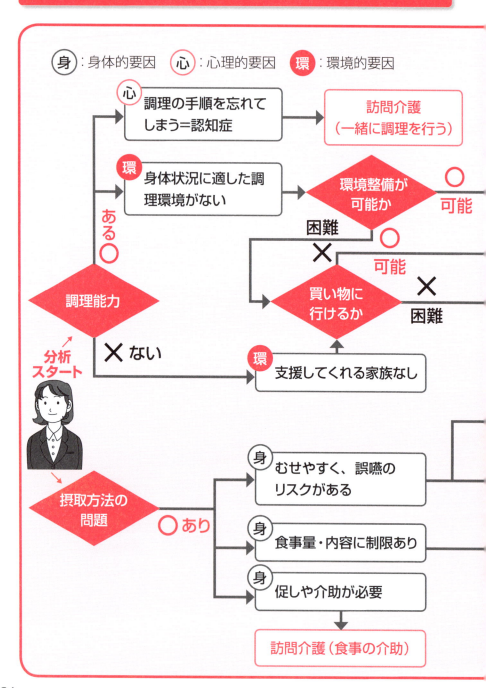

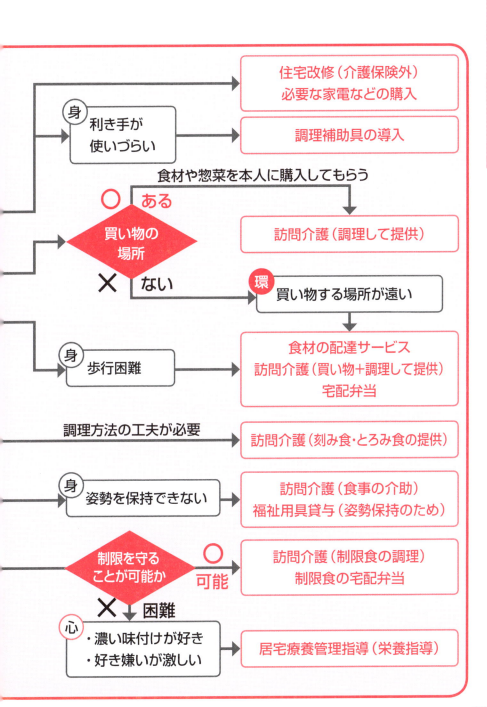

排泄の課題解決方法
ニーズ：「安心して排泄したい」

身：身体的要因　心：心理的要因　環：環境的要因

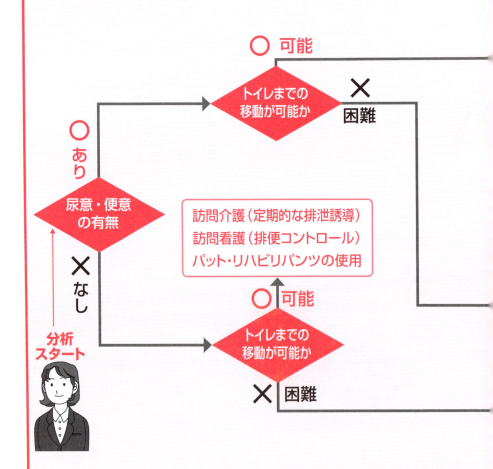

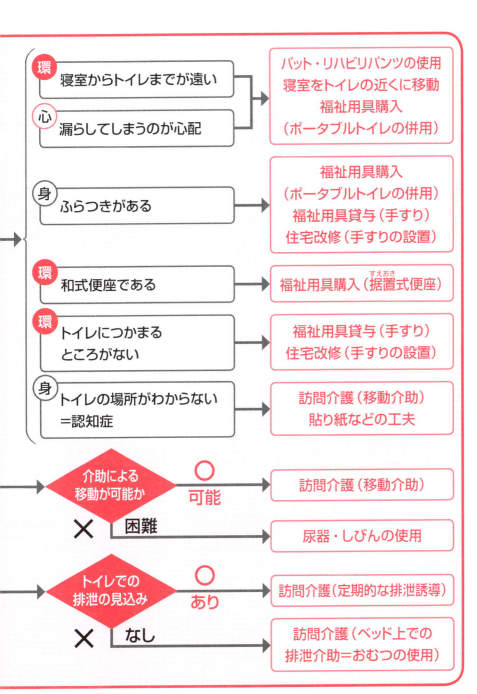

移動の課題解決方法
ニーズ:「安全に外出したい」

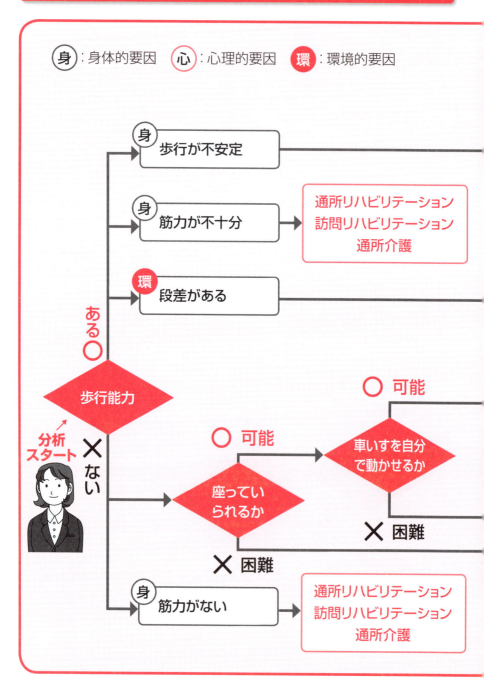

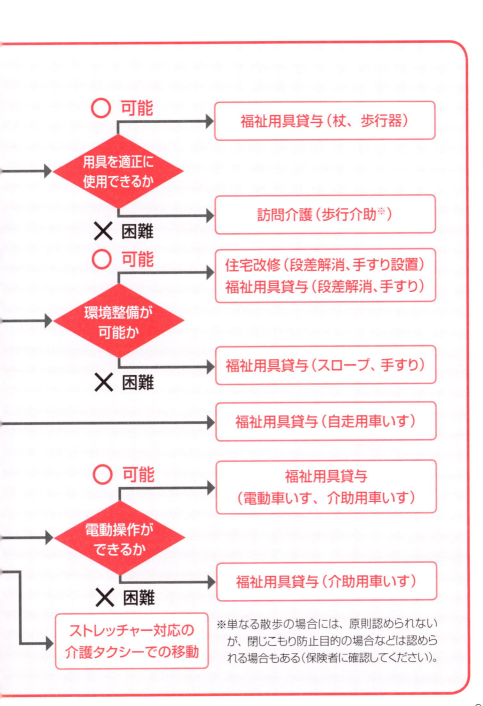

健康の課題解決方法
ニーズ:「病状を安定させたい」

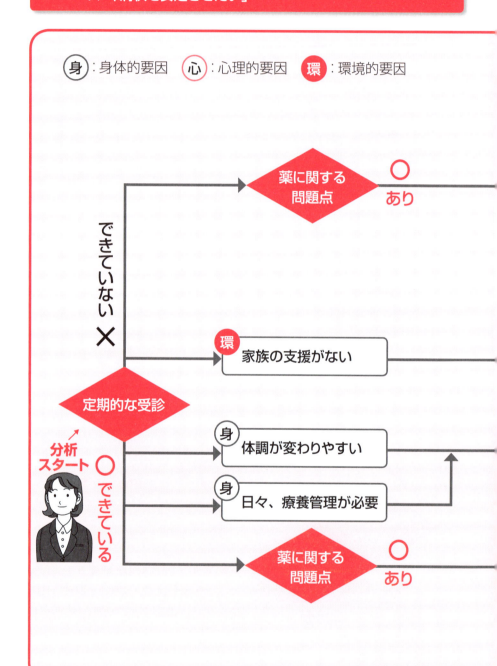

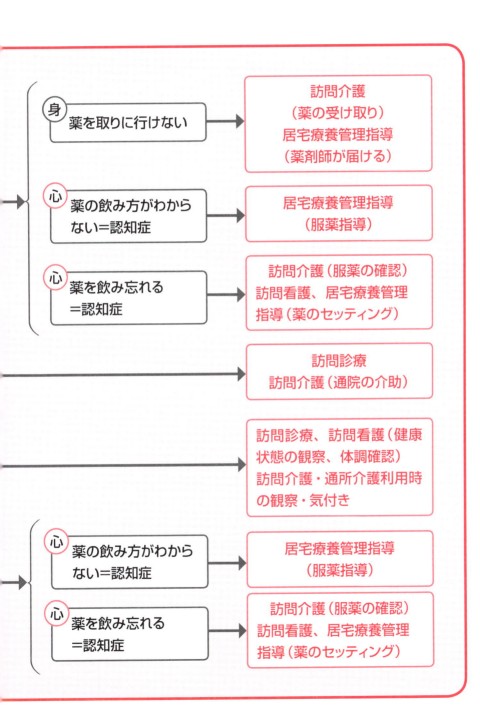

スキルアップ Point 2 他職種との調整のポイント

職種や環境が違えば、常識も違う

　一人の利用者の介護には、家族はもちろんのこと、医療職をはじめとした様々な専門スタッフがかかわります。ケアマネジャーの仕事は、これら家族や専門職スタッフが連携しあって利用者にとって最適な介護が実現されるよう、介護計画を設計することと、**計画に適したメンバーでチームを作り、そのチームを調整・運営していく**ことです。チームで行われる利用者への介護において、ケアマネジャーは常に中心的な役割を果たしていかなくてはなりません。

　チームの構成メンバーは、介護保険の**サービス事業者**はもちろんのこと、**地域包括支援センター**、**生活保護**や**障害福祉担当者**などのフォーマル（公的）サービスの関係者、自治会・商店街・**近隣住民**等のインフォーマル（公的でない）サービスの関係者、利用者を担当している**医療機関**、さらには利用者の**家族**と、多種多様、多岐に渡ります。

　これらのチームメンバーは、利用者との**かかわりの深浅（意識）も違えば、属している集団の常識も違います**。そういったメンバーの間を上手に調整＝コーディネイトし、運営していく際には、以下のような視点が大切です。

調整の視点

- □ 餅は餅屋。専門領域は専門家に任せるのが一番です。ケアマネジャーが**なんでも一人で解決しようとせず**に、専門家の知識や技術をフルに活用しましょう。
- □ 開示してよい**情報はできるだけチーム内で共有**し、共通認識を深めましょう。
- □ サービスを「依頼」する立場だからといって、個人的にえらいわけではありません。**調整役という役目を正しくまっとうしましょう。**
- □ ケアマネジャーは、利用者の代弁者・権利擁護者として一定の役割を担っています。常に「**利用者本位**」に考えましょう。
- □ メンバー**それぞれの立場や状況に配慮**し、どこかにだけ無理がかからないよう、**継続できるチームづくり**が大切です。

医療との連携 〜医師との連携のポイント

　在宅において医療と介護をつなぐキーパーソンは、まぎれもなく主治医とケアマネジャーです。多様な疾患を持ち、急変の可能性も高い高齢者を支援する上で、医療との連携は、質の高い介護を実現するためには不可欠です。

　しかし、それが十分にわかってはいても、「医療スタッフと密なコミュニケーションを取るのは敷居が高い」、と苦手意識を持っているケアマネジャーは多くいます。「介護の話など聞いてもらえないのでは…」「忙しそうなので連絡しづらい」など、なんとなく敬遠してしまうという声をよく聞きます。

　それでは、医療スタッフ、特に医師は、どんな風に思っているのでしょう。

よく聞く医師の意見

- ☐ 患者さんに介護保険サービスの利用を勧めた。その後、ちゃんと介護サービスを利用できているのか気になっているが、担当ケアマネジャーが誰なのかもわからない。せめて担当になったことを連絡してほしい。
- ☐ 病院に足を運んでもらえれば情報交換をしたいと思っているんだけど…。
- ☐ 月1回の診察ではわからないことも多い。普段の様子を教えてもらえると、治療にも活かせてありがたい。
- ☐ 訪問看護を選ぶ際には、連携の意味からも事前に相談してもらえると助かる。
- ☐ ケアマネジャーが誰なのか知らないまま、突然訪問看護から指示書の依頼が来ることがある。事前にケアマネジャーからケアプランをもらいたい。
- ☐ 開催時間に配慮してもらえれば、サービス担当者会議にも出席したいのだが、連絡すらない。

　介護保険に対して十分な理解のない医師がいまだいることも事実です。しかし一方では、上記のような意見を持っている医師も増えています。国も在宅介護を重視しており、医療と介護の連携強化、在宅療養支援診療所の強化などの機運も高まっているのです。次ページに紹介するポイントを参考に、医師との連携を深めるようにしましょう。

スキルアップ編　ポイント2　他職種との調整のポイント／職種や環境が違えば、常識も違う／医療との連携〜医師との連携のポイント

Point 1　担当ケアマネジャーとして挨拶する

利用者の要介護認定結果とともに、担当開始となったことを知らせます。診療時間中に訪問する、またはFAXを利用するなどしましょう。次ページのようなFAXシートを用意しておくと便利です。

なお、主治医に連絡する際には、事前に利用者もしくは利用者の家族の同意を得るなど、個人情報保護への配慮が必要です。

Point 2　ケアプランについての意見をもらう

疾患の状況や日常生活上の管理、留意点などについて、ケアプランを作成する前に、主治医に意見を聞くようにします。また、訪問看護を導入する際には、連携の取りやすいステーションがあるかなど、事前に主治医に確認しておきましょう。

さらに、意見を聞く際には、あらかじめポイントを整理した上で連絡し、要点を端的に伝えるように心がけましょう。

Point 3　サービス担当者会議への出席を依頼する

サービス担当者会議への出席を働きかけましょう。特に医療的依存度が高い利用者の場合などは、主治医にとっても在宅での生活状況を把握するよい機会になります。

日中、多くの患者を診療しているため、事前に都合の良い日時を確認した上で、会議の日時を設定し、出席を依頼するなどの配慮が必要です。また、会議への出席が難しい場合でも、「ほかのスタッフに主治医としてお伝えになりたいことはありませんか?」と、あらかじめ主治医の意見は必ず聞くようにします。

スキルアップ編　ポイント2

他職種との調整のポイント

医療との連携～医師との連携のポイント

　　　　　　　　　　　　　　　　　　　　　　　年　　月　　日

　　　　　　　　　　先生へ

このたび、貴院におかかりの　　　　　　　様 の担当ケアマネジャーになりました
　　　　　　　　　の　　　　　　と申します。

ご本人情報

お名前	生年月日
住　所	
介護保険被保険者番号	要介護度
認定有効期間	

☐ 担当になりましたご挨拶として、FAXさせていただきました。（ご返送不要です）
☐ ケアプランを作成するにあたり、疾患や病状に関して日常生活上の留意点等
　　ご意見いただけますようお願いいたします。
☐ ケアプランを作成いたしましたので、お送りします。
　　ご参考としていただければ幸いです。
☐ サービス担当者会議を開催いたしますので、ご出席の可否をお知らせください。
　　開催予定日時：　　　　年　　　月　　　日（　　）　　　：　　　～
　　開催場所：
☐ その他（　　　　　　　　　　　　　　　　　　　　　　　　　　）

⬇

＜ご返信＞
※サービス担当者会議ご欠席の場合には、ご意見をいただけますと幸いです。

今後ご連絡をするにあたり、ご都合の良い時間帯・方法等ありましたらお知らせください。

ご多忙のところ恐縮ですが、　　月　　日までにご返送いただけますようお願いいたします。

＜送付元＞

95

Point 4　在宅での実情に合わせた治療の相談

例えば一人暮らしの認知症の利用者が1日4回服薬するなど、入院中には可能でも在宅では管理が難しい場合は、医師に調整を相談してみるのも1つの手です。

Point 5　ケアマネタイムを活用する

保険者によっては、医師とケアマネジャーをはじめとした介護職との連携を強化するために、「ケアマネタイム」を運用しています。これは、医師にケアマネジャーと連絡を取りやすい時間帯や連絡方法を設定してもらい、その情報を一覧にして地域のケアマネジャーに周知し、連絡を取りやすくするものです。
この時間帯を上手に利用し、医師と直接の対話をしていきましょう。

Point 6　介護保険更新時には医師に最近の状況を知らせる

利用者の介護保険更新時期が近づいたら、主治医に最近の居宅での利用者の状況やサービス利用状況について知らせましょう。主治医意見書を記載する際の参考となり、より的確な認定審査結果を受けることにつながります。

Point 7　軽度者に対する福祉用具貸与の例外的給付

軽度者への福祉用具貸与にあたっては、主治医の医学的な所見が必要とされる場合があるので、情報提供書で所見をもらいます。
保険者によっては専門様式が準備されている場合もあるので、市町村の担当窓口（介護保険課など）に確認してください。

医療との連携〜病院との連携のポイント

医療連携の重要性から、多くの病院で医療連携室が設置されるようになりました。そこでは、メディカルソーシャルワーカーが関係機関やケアマネジャーと入退院時などの連携を行っているので、次のポイントを参考に連携しましょう。

Point 1　医療連携室を窓口として連携を図る

いきなり医師や看護師へ連絡するのではなく、医療連携室のメディカルソーシャルワーカーを連携の窓口として活用しましょう。

Point 2　入院時の情報を提供する

担当の利用者が入院したら、医療連携室に連絡し、担当であることの挨拶をしておきましょう。また、入院前の利用者の情報（心身の状況、サービス利用状況、生活状況）について情報提供書などにより情報提供を行うようにしましょう。

Point 3　退院前のカンファレンスに参加する

病院内で行われる退院前のカンファレンスにはできる限り参加し、退院に向けた準備を進めます。事前にメディカルソーシャルワーカーと相談し、退院後すぐに必要となることが想定されるサービスの担当者にも出席してもらうとよいでしょう。
また、医師や理学療法士などのリハビリテーション専門職にも出席してもらい、在宅での医療系サービスの必要性やリハビリテーションの方法についても確認しておきましょう。

Point 4　退院時の情報提供を求める

退院時には看護サマリーなどの情報提供を求め、在宅復帰後のケアプラン作成時に反映させます。

医療との連携～訪問看護との連携のポイント

　医療的依存度の高い利用者ほど訪問看護の重要性が高まり、細かな連携が求められます。訪問看護と連携を図る上では、次のようなポイントを参考に行っていきましょう。

Point 1　利用の必要性の判断

医療的処置の必要性が明確でなく、「訪問看護が入ったほうがいいだろうか」と判断に迷うような場合には、ケアマネジャーが一人で判断せずに、アセスメントの段階から主治医または入院先の担当医の意見を求めるようにしましょう。

特に退院時には、訪問看護の利用を一度は検討しておくとよいでしょう。

Point 2　疾患の状況に応じた訪問看護事業所を選択

疾患の状況によっては、夜間を含め24時間体制での対応が必要な場合もあります。主治医の意見などを参考に、緊急体制のある事業所など適当な事業所を選択しましょう。

Point 3　医療的処置だけが訪問看護ではない

訪問看護の利用は、医療的処置を行うことだけではなく、利用者や家族に対する療養上の支援や精神的サポートにもつながります。

また、定期的な病状観察により、病状変化への対応が速やかにできるとともに、病状悪化の予防・早期発見が期待できます。様々な場面で利用が検討できることを念頭に置きましょう。

Point 4　タイムラグを生じさせない

定期的な病状の管理を訪問看護が行い、日常的な介護を訪問介護が行う場合など、両者の密接な連携が必要な場面があります。サービス担当者会議で情報共有を行うことはもちろんのこと、日々の連携にタイムラグがないように、時には直接看護師とサービス提供責任者で連絡を取り合ってもらうなどの配慮をしましょう。

何でも「ケアマネを通せ」などと主張するのではなく、要所要所でケアマネジャーから確認を取るようにするなど、双方の協力を深めましょう。

Point 5　医療保険での訪問看護

疾患などによっては医療保険で訪問看護が提供される場合があります。そうした場合にも、ケアプランにはしっかりと訪問看護を位置付け、サービス担当者会議にも参加を呼びかけましょう。

＜医療保険で訪問看護が提供される場合＞

①介護保険の認定を受けていない訪問看護の対象者の場合
②厚生労働大臣が定める特定の疾病に当てはまる場合
　➡P78
③急性増悪期の方で医師から特別訪問看護指示書が交付された場合（特別訪問看護指示書が交付された日から14日間以内）➡P78

医療との連携〜リハビリ職との連携のポイント

　利用者が在宅で継続的に生活していくためには、リハビリテーション職との連携は欠かせません。特に病院での急性期リハ→老人保健施設での回復期リハ→在宅での生活期（維持期）リハへと場面が移行する場合などには、相互の密接な連携によってその後の利用者のADLの向上に大きな影響を及ぼします。
　次のようなポイントを参考に、リハビリテーション職とも密な連携を図りましょう。

Point 1　退院前カンファレンスでADL等について確認

病院のリハビリ職に退院前カンファレンスに参加してもらい、現状のADLやIADLについて確認します。ケアマネジャーからも在宅での生活状況や環境などについて積極的に発言し、在宅の実情に合わせたリハビリを行ってもらえるようにしましょう。退院時には、リハビリに関する情報提供書をもらうようにします。

Point 2　福祉用具や住宅環境・介助方法に関するアドバイス

利用者が入院中の場合、可能であれば退院前にリハビリ職に自宅を訪問し、確認してもらい、必要な住宅改修や福祉用具などについてアドバイスをもらうとよいでしょう。また、家族やヘルパーが介助方法に苦慮している場合などは、リハビリ職から指導してもらう場を設けるなどしましょう。

Point 3　ほかの関係者とも情報共有

在宅でのリハビリテーション計画ができたら、それをほかの関係者とも共有します。関係者が共通認識を持つことで、利用者への働きかけを多方面から実施できるとともに、リハビリ職が評価・計画したプログラムを利用者・家族・看護師・ヘルパーに指導することにより、実際のプログラム実施者を移行していくことができます。

医療との連携～薬剤師との連携のポイント

　投薬治療している利用者には、「認知症で薬の飲み忘れが多い」「複数の病院で、同じような薬が処方されている」など、投薬治療が適正に行われていないケースが多くあります。そのため、服薬内容、服薬方法等を的確に把握し、ケアマネジメントにつなげることが求められます。
　次のようなポイントを参考に、薬剤師との積極的な連携を図っていきましょう。

Point 1　在宅訪問を行っている薬局を知る

利用者宅を訪問し、積極的に利用者とかかわっていこうとする薬局も増えてきました。近隣の薬局の在宅訪問の実施状況等の情報を集めておくと、いざというときに連携が図りやすくなります。

Point 2　「居宅療養管理指導」のアプローチ

介護保険の「居宅療養管理指導」では、薬剤師が利用者宅を訪問し、薬学的管理（服薬指導、薬剤服用・保管状況の確認等）を行えます。
ただし、「居宅療養管理指導」には医師の指示が必要ですが、医師や薬剤師が必ずしも利用者の生活実態を把握しているとは限りません。薬学的管理の必要性を認識していない場合も多いので、ケアマネジャーから薬学的管理の必要性を伝える必要があります。

Point 3　サービス担当者会議で利用者の状況を共有する

在宅では、利用者の生活全般を踏まえた薬剤管理が必要となります。特に薬に関して問題のあるケースでは、サービス担当者会議や退院前カンファレンスに薬剤師にも出席してもらい、利用者の生活環境、薬剤の服用状況、残薬の有無、薬の飲み合わせなどを把握した上で、薬剤管理方法を提案してもらい、関係者で情報を共有するとよいでしょう。

地域の関連機関との連携〜行政機関

ケアマネジメントにおいては、介護保険以外のフォーマルなサービスとの連携も求められます。

Point 1　生活保護の相談員との連携

利用者が生活保護受給者である場合は、福祉事務所の相談員（ケースワーカー）との連携を密にする必要があります。

単に介護扶助にかかる事務手続き上でかかわるだけでなく、その人の生活全般の課題解決に向け、ともに支援していくことが大切です。サービス担当者会議への出席を依頼することはもちろんのこと、サービスの利用状況等について定期的に報告するなど日頃から相談しやすい関係作りに努めましょう。

Point 2　障害福祉の相談員との連携

介護保険と障害者総合支援法を併用する場合、障害福祉の相談員との連携が必要になってきます。

重度の障害を持っている利用者の場合など、介護保険給付外のサービスを障害者総合支援法でカバーすることもありますので、ケアマネジメントの初期段階から連携を密に取っていきましょう。

障害者総合支援法の自立支援給付の内容など（ ▶P145〜146）を参考にするとよいでしょう。

Point 3　行政独自の高齢者施策

行政機関によっては、おむつの支給（または費用の助成）や緊急通報システム、バスの無料乗車券の配布などの独自のサービスを行っているところもあります。それぞれの地域でどのようなサービスがあるか、市町村の役所の担当部署に確認し、調べておくとよいでしょう。

地域の関連機関との連携〜ボランティア団体

ケアマネジメントは利用者の生活圏内におけるインフォーマルな社会資源も活用し、コーディネートしていくことが求められます。インフォーマルなボランティア団体についての情報に対するアンテナを高くし、ケアマネジメントの質を高めていきましょう。

Point 1　地域のボランティア資源を把握しておく

「さびしいので話し相手がほしい」「ちょっとした家事を手伝ってもらいたい」など、介護保険サービスではまかなえない利用者からのニーズに対して、ボランティア利用が有効な場合があります。あらかじめ地域にどんなボランティアが存在するのか、有償・無償のいずれか、利用にあたって留意する点があるのかなどを把握しておきましょう。地域の社会福祉協議会がボランティアの窓口になっていますので、一度訪れてみましょう。

＜ボランティア団体の例＞ ➡P232
- 傾聴ボランティア　●配食サービス　●外出時の付き添い
- 軽度の家事支援サービス　●手話　●朗読

Point 2　家族支援の視点も忘れずに

利用者だけでなく、家族の支援もケアマネジメントにおいては大切な視点です。家族の多くは介護を抱え込み、ストレスや悩みを抱えています。同じ悩みを持つ介護者同士が語らい、相談できる「介護者の会」についても情報を収集し、提供するとよいでしょう。

特に認知症の介護に関しては、不安や戸惑いも多くあります。行政機関や「認知症の人と家族の会」などが行っている「認知症コールセンター」や「若年性認知症コールセンター」の連絡先なども知っておくと便利です。

また、社会福祉協議会や病院等で、家族介護者に向けた介護技術の勉強会が開催されていることもあります。

スキルアップ Point 3 コミュニケーションのポイント

　ケアマネジメントを展開する上で、コミュニケーションは最も重要なポイントの1つです。利用者を含めて相手との援助関係を構築し、相手の情報を収集し、問題解決に向けた援助を展開するためには、十分なコミュニケーションが不可欠となります。

　そこで以下では、利用者を含めた相手とのコミュニケーションを図る際のポイントを紹介します。

聴き方のポイント

Point 1　うなずく、相づちを打つ

「そうでしたか」「なるほど」「ええ」「はい」など利用者の話のリズムに合わせてうなずいたり、相づちを打つことで、"あなたの言葉を受け止めている"という共感的な印象が伝わり、相手の話を促せます。

Point 2　相手の言葉を繰り返す

利用者が使用した言葉の中でポイントとなる言葉を繰り返すことで、利用者が話の続きを円滑に展開する助けとなります。また、利用者が伝えたいポイントをお互いに確認することもできます。

Point 3　感情表出を促す

「そのときどんなお気持ちでしたか?」「さぞお辛かったのではないですか?」などの声かけで、相手が意識していない感情の表出を手助けします。

Point 4　話の腰を折らない

利用者の話のペースがゆっくりだったり、なかなか言葉が出てこなかったとしても、辛抱強く待ち、話の先回りをしないようにします。それでもなかなか言葉が出てこない場合には、少し前の話を要約して確認すると、言葉が出てくることもあります。

Point 5　話を軌道修正する

話を聴いているうちに話が脇道に逸れていってしまった場合、ある程度のタイミングで「先ほどのお話の確認なんですが」「少し前に戻りますが」など、話の軌道修正を図っていきます。

Point 6　閉ざされた質問、開かれた質問を使い分ける

特定の物事を掘り下げ、相手の意思や感情を確認する場合には、例えば、「今日の朝ご飯は、何を食べましたか？」「階段を上るのが大変だったのですか。そのとき、どんな風に感じましたか？」など、「開かれた質問」が有効です。

それに対し、例えば、「今日は朝ごはんを食べましたか？」「お風呂は好きですか？」など、「はい」「いいえ」で答えてもらう「閉ざされた質問」では、物事の答えや意向を明確化します。

Point 7　相手が話しやすい環境の提供

話しをする際には、静かな場所を選んだり、落ち着く雰囲気を作り、対面ではなく、隣に座るなどするとよいでしょう。また、座る際には、相手を見下ろす高さにならないように気を付けましょう。

話し方のポイント

Point 1　根拠・理由を明確に

利用者に自分の話を理解してもらうためには、その結論だけでなく、そこに至った根拠や理由を明確にする必要があります。「なぜそう思ったか」「どうしてそうするのか」をていねいに説明しましょう。

Point 2　一方的に話さない

自分の考えを一方的に押し付けるのではなく、要所要所で利用者の理解や意向を確認しながら話を進めていきます。

Point 3　専門用語を使わない

「端座位」や「PT」などの専門用語は利用者を混乱させます。「ベッドの脇で腰かけられますか?」「リハビリの専門職である理学療法士の方が来ます」など利用者がわかりやすい言葉を選んで話しましょう。

Point 4　感情を込めて話す

「大きくうなずく」「表情を変化させる」など非言語的コミュニケーションを用いながら、感情を表現して話しましょう。

Point 5　利用者が嫌がること・弱みになることへの配慮

経済的なことや家族関係、身体的特徴、年齢による身体機能の低下など、利用者が触れて欲しくない事柄などについては、配慮ある言い回しを心がけましょう。例えば、「私は最近トイレが近くて困っているのですが、○○さんはトイレのことで何かお困りのことはありませんか?」などと聞いてみるとよいでしょう。

相手に誤解を与えないためのポイント

Point 1　相手に不快感を与えない

真剣に相手の話を聴いていても、次のようなしぐさをしていると、横柄な態度や無関心に受け取られ、不快感を与えてしまうことがあるので、気を付けましょう。

- 腕組みをしている
- 話す速度が極端に遅い、または早い
- 頬杖をついている
- 声が小さい
- 返事をしない
- 視線を合わさない
- 言葉に抑揚がない
- 時計を何度も見る

Point 2　聞き間違い、聞きもらしをそのままにしない

相手の話を聴いてはっきりと聞こえなかったことや理解できなかったことは、そのままにしておかないようにしましょう。
相手が話したことについて「つまり…ということですか?」と要約したり、別の言葉に言い換えることで双方の認識にずれがないか確認します。

Point 3　安易な発言をしない

はっきりとしない事項について、「たぶんこうだろう」という憶測で回答してはいけません。後々、「あのとき、あなたがこう言ったから」という事態に発展してしまうおそれもあります。
「持ち帰って調べてからご連絡します」と伝えるなどして、改めて回答するようにしましょう。

利用者・家族とのコミュニケーションで注意すること

☐ 双方の話に耳を傾ける

　利用者と家族が同席した面接では、双方の力関係により、どちらか一方が会話の主導権を握ってしまうことが往々にしてあります。例えば、家族が会話の主導権を握って、本人は「言いたいことがあるけれど言えないまま」になってしまった場合、そのままケアマネジメントが進行してしまえば、本人のニーズに即したケアプランとは言い難いでしょう。

　そのようなときには、家族の話がいったん落ち着いた段階で、「今度はご本人からお話を伺わせていただきますね」とか「○○さん（ご本人）はどう思いますか」といった形で必ず**利用者本人の意向を確認する**ことが必要です。

☐ 場合によっては別々に面接する

　利用者とその家族が同席した面接では、お互いに対する遠慮や気まずさから本音を話してもらえないと思われる場合には、別々の面接機会を持つなどの配慮も必要です。

　その結果、利用者本人と家族の意向が異なる場合には、両者の意見の背景にある原因を探りながらニーズを導き出します。

☐ 悪口や陰口に同調しない

　利用者や家族からお互いに対する愚痴や陰口が出てくることはよくあります。「うちの嫁には困ったもんだ」とか「（本人が）わがままで大変」といった発言に対し、安易に「それは困りましたね」「本当ですね」などと同調すると、後になって「あのケアマネジャーがうちの嫁の悪口を言っていた」など話が大きくなるおそれもあります。

　ケアマネジャーは常に**第三者として客観的な立場**で話を聴いていることを意識することが必要です。

初回面接時に注意すること

☐ 事前準備を行う

初回受付時の情報を確認し、面接時の流れをイメージします。また、場所や必要な資料等を確認し、遅刻しないようにしましょう。約束時間の5分以上前に訪問しないように時間調整します。

☐ 清潔感ある身だしなみで訪問

第一印象は清潔感で決まるといっても過言ではありません。よれよれの服を着たり、髪がボサボサ、靴下に穴が開いている、というようなことがないように、訪問する前には身だしなみを確認しましょう。

☐ 笑顔で接する

相手に友好的な印象を与えるためには、自然な笑顔が必要です。ただし、相手の状況に配慮し、程度をわきまえましょう。

☐ 自己紹介する

名刺を渡し、自分が所属する組織と氏名、介護支援専門員であることを伝えます。介護支援専門員登録証を見せて、身分を明らかにするとよいでしょう。

☐ 訪問の目的、所要時間の目安を伝える

何を目的に訪問しているのか、どんな流れで話を進めるのかを伝えます。あわせて所要時間の目安を伝えましょう。

☐ メモを取ることの承諾を得る

話を進める前に、必ずメモを取ることの承諾を得ましょう。

また、収集した情報の扱いについても説明が必要です。利用者の個人情報については**守秘義務**があることをきちんと伝えておきましょう。

サービス担当者会議を効果的に進めるためのポイント

　サービス担当者会議では、利用者や家族を含むチームのメンバーが顔をそろえ、利用者のこれまでの情報を共有するとともに、これからの支援方針について意見交換し、合意形成を図ります。利用者やその家族はもちろんのこと、チームメンバーである各専門職が活発に発言し、実りの多いサービス担当者会議にするために、次のような点に気を付けましょう。

Point 1　目的の明確化

サービス担当者会議は以下のようなタイミングで必ず行うこととされています。参加メンバー（サービス提供者、主治医、家族、利用者など）を招集する際には、何について話し合うのか、目的を明確に伝えます。

- 居宅サービス計画原案を確定するため
- 要介護認定の更新・変更時
- そのほか利用者の状態や環境が変化する等の必要に応じて

Point 2　開催スケジュールの調整

忙しい担当者のスケジュール調整はできるだけ余裕を持って（できれば3週間程前までに）行います。出席してもらう必要性の高い人から予定を確認し、スケジュール調整を行います。
開催日や場所など間違いがないように、111ページのような様式を使って周知するとよいでしょう。

Point 3　事前資料の作成

アセスメント情報は口頭または資料で共有できるようポイントを整理しておきます。また、居宅サービス計画書の原案を作成しましょう。

サービス担当者会議出席依頼

御中

以下の通りサービス担当者会議を行いますので、担当職員の方にご出席いただけますようご依頼申し上げます。

利用者名	
開催目的	
議題	
日時	
場所	

出欠確認

□ 出席	出席予定者名：
□ 欠席	＜居宅サービス計画書に対するご意見をご記入の上ご返信ください＞

平成　　　年　　　月　　　日までにご返信ください。

返信先：FAX　　　　　　　　　担当ケアマネ　　　　　宛

居宅介護支援事業所：

住所／ TEL：

Point 4　司会進行役としての注意点

サービス担当者会議の場ではケアマネジャーが司会進行役をつとめます。参加者が活発に意見を出し合えるように場の雰囲気を作り、進行していきましょう。

進行する際には、次のような点をチェックしておきましょう。

☐ 会議進行表を配布

あらかじめ簡単な会議進行表を作成して出席者に配布することで、会議の目的を全員の共通認識とすることができます。また、会議の進め方やおおよその所要時間を提示することで、会議が停滞するのを防ぎます。

> **サンプル**
> ○○　○○様
> **サービス担当者会議　進行表**
> 日時：平成○年◇月△日 15時～
> 場所：
> 出席者：
> 会議の進行表：
> 1　出席者自己紹介（5分）
> 2　ケアプラン（原案説明）（10分）
> 3　検討事項
> （ア）□□□□について（15分）
> （イ）◇◇◇◇について（15分）
> （ウ）その他（10分）
> 4　検討結果のまとめ（5分）
> 5　閉会（16時終了予定）

☐ まずは自己紹介

各出席者から自己紹介をしてもらいます。すでにサービスが開始されている場合には、利用者本人との現在のかかわりについても、一言話してもらうとよいでしょう。

☐ 居宅サービス計画原案の内容について説明

居宅サービス計画原案を単に読み上げていくのではなく、ケース説明、アセスメントの結果を伝え、ケアプランの内容にきちんと利用者や家族の意向が反映されているか、**参加者の表情を確認しながら、感情を込めて**説明していきます。途中で、「ここまではよろしいでしょうか」と確認をしながら進行します。

☐ 参加者から意見を集める

利用者本人の現在の状況や、提示した居宅サービス計画原案についての意見を参加者に求めます。

意見を求める際には、「どういう理由」で「どんなこと」を聴きたいのかを明確に伝えると、相手が答えやすくなります。

☐ 場違いな発言やネガティブ発言には…

出席者が場違いな発言や本題から逸れた話題を話した場合には、「その話と今回の会議目的とどう関係があるのか」を途中で確認し、発言者自身が軌道修正できるように促します。

また、ネガティブ発言を繰り返す参加者に対しては、「では、どうしたらよいと思いますか？」と質問を投げ返してみるのも1つの方法です。

☐ 最後に決定事項を全員で確認する

話し合った内容をもとに、各専門職からの意見を要約し、結論を述べることで、出席者全員の認識を共通のものとしましょう。

各人から出た意見の中で抽象的な表現や曖昧な点があれば、ここで具体的な表現として共有することが大切です。

☐ サービス担当者会議の要点はすぐに作成する

会議録は記録に残しておく必要があります。「後でまとめよう」と思っていると、そのときの情報が段々と薄れ、こぼれ落ちていくことになります。できるだけすぐに作成するようにしましょう。

第4表	サービス担当者会議の要点					
利用者名　　　　　　　殿	居宅サービス計画作成者（担当者）氏名					
開催日　年　月　日	開催場所		開催時間		開催回数	
会議出席者	所属（職種）	氏　名	所属（職種）	氏　名	所属（職種）	氏　名
検討した項目						
検討内容						
結論						
残された課題（次回の開催時期）						

モニタリングの際のポイント

モニタリングの目的

モニタリングとは、ケアマネジャーが、利用者宅を訪問して利用者の状況を利用者や家族から聞き取り、あるいは、事業所にサービス提供状況を確認するなどして、サービスの実施状況を把握し、必要に応じてケアプランを見直したり、事業所との連絡調整を行うことです。

このモニタリングでは、単に利用者宅を定期訪問して、利用者やその家族と雑談をすることが目的ではありません。

利用者の変化に気付き、ケアプランに基づいて行われているサービスが利用者のQOLや自立度の向上につながっているのかを評価することが目的です。

そして、モニタリングは、利用者の心身や在宅生活の質に大きく影響するものです。だからこそ、**モニタリングがどのようなもので、何のために行うのか(モニタリングの目的)を、ケアマネジャーは、利用者や家族に説明し、しっかりと理解してもらっておくこと**が大切です。

訪問時期や回数

ケアマネジャーは、月に1度利用者宅を訪問し、モニタリングを行うことが義務付けられていますが、どんな場合でも月に1回しか訪問してはいけない、あるいは、月に1回訪問すれば十分、というわけでは、もちろんありません。

特に**新しいサービスを開始した直後**などは、サービスの提供の段取りなどがスムースではない場合があります。一方で、利用者も新しいサービスには慣れていないため、1～2回利用しただけでまだ効果が確認できないうちに、そのサービスがイヤになってしまう、ということもありがちです。こういったことが重なると、利用者や家族の不満や不信感を招くことにつながりかねません。

忙しい時間を調整するのは大変ですが、このようなトラブルを未然に防ぐために、新サービスの導入時などは、「月に1回」とは決めず、こまめに利用者宅を訪問し、利用者や家族の話を聞くことが大切です。

利用者や家族を思いやるケアマネジャーとしての熱心さや真摯な姿勢、そし

て、話を受けとめ、的確かつ早急に対応する柔軟なフットワークこそが、利用者や家族の安心・信頼を得ることにつながっていくと思います。

モニタリングの際のチェックポイント

モニタリングの際には、次のような3つの観点からチェックすることが重要です。

Point 1　利用者の状況を把握する

- 利用者や家族が必要としているサービスに変更点はないか？
- 利用者や家族の健康状態、生活状態、環境などに変化がないか？

Point 2　サービス提供の状況を把握する

- 事業所が適切にサービスを行っているか？
- 無理なサービスや効果が出にくい内容になっていないか？

Point 3　短期・長期目標の達成状況を把握する

- ケアプランの短期目標が達成できているか？
- ケアプランの長期目標が達成できているか？

　Point1では、利用者に新たなサービスが必要になっていないかを把握し、それに応じて再度アセスメントを行うなど、利用者自身への観点が求められます。

　Point2では、サービスを提供している事業所が、ケアプランに則ってサービスを行っているかなど、事業所側への観点が求められます。

　そして、Point3では、Point1と2で把握した内容に基づいて、ケアプランの短期目標と長期目標の達成状況はどうか、ケアプランの見直しが必要かなどを総合的な観点から判断します。

　その上で、次のページに挙げたような具体的な注意点に気を付けながら、モニタリングを行っていくことが大切です。

☐ モニタリングの際の注意点

●Point1について

- ☐利用者の心身や生活状況、環境、言動などに変化はないか?
- ☐そばにいる家族の状況などに変化はないか?
- ☐利用者や家族の変化を、早めに発見し、対処しているか?
- ☐利用者や家族の話を傾聴して受けとめ、否定したりしていないか?
- ☐利用者や家族のニーズに変化はないか?
- ☐変化があるとしたら、ほかに求めているニーズは何か?
- ☐利用者のQOLの向上や自立を促すきっかけになることは何か?
- ☐話に出てこないが、利用者や家族の不満や潜在的ニーズはないか?
- ☐利用者や家族に、率直に希望や意見を言ってもらっているか?
- ☐利用者や家族が、ケアマネジャーに話せないでいることはないか?

●Point2について

- ☐サービス提供事業所やスタッフへの不満や悩みはないか?
- ☐現在受けているサービスに満足しているか?
- ☐現在受けているサービスに無理や負担はないか?
- ☐負担があるとしたら、どのような部分か?
- ☐利用者がサービスの変更や取り消し、事業所やスタッフの変更、苦情などを頻繁に言っていないか?
- ☐変更や苦情があるとしたら、何が原因か?
- ☐サービスは適切に提供されているか?

● Point3について

□ 利用者や家族と、サービス提供事業者やスタッフ側との意見の食い違いなどが生じていないか？

□ ケアプラン作成時の課題に早めに対応し、現在行っているサービスに生かされているか？

□ 事業所との連絡調整やサービス担当者会議の開催の必要性はないか？

□ 現在提供しているサービスが、目標に沿って適切に行われているか？

□ 継続しているサービスに効果が表れたり、目標が達成できているか？

ケアマネジャーとしての観察力と洞察力

　モニタリングの記入票は、事業所によって書式は様々ですが、ケアマネジャーの評価などを書き込む欄などがあります。そのときに、

「どれだけ利用者や家族から話を聞き取ることができ、思いを受けとめられているか？」

「小さな変化や、いつもとは異なる言動の違いはないか？」

「利用者の持っている力を引き出し、それを維持し、向上させることができているか？」

「言えないでいることや、見せないでいることなど、潜在的な部分に早く気付くことができているか？」

など、ケアマネジャーならではの観察力、洞察力、分析力や評価力などが問われてきます。

　また、利用者や家族だけでなく、サービスを提供している各種事業所やスタッフ、そして、在宅サービスだけに限らず、利用している施設サービスの内容などもモニタリングし、必要によっては在宅サービス以外の事業所やそのスタッフなどともケアカンファレンスを行って、話し合ったり調整を行うことも必要になってきます。

　人の命にかかわる仕事であるからこそ、マニュアルだけに頼らず、ケアマネジャーとして自分で見て、聞いて、確かめて、利用者の在宅生活をより良いものに変えていくための力を発揮してください。

スキルアップ Point 5 ターミナルケアのポイント

　ターミナルケアでは、「**終末期のケア**」、すなわち、治癒の可能性はないが、痛みを和らげるための治療や、安楽に過ごしてもらうためのケアが最重要となります。

　その際のケアマネジャーの役割は、**利用者に、一日一日を安心して穏やかに過ごしてもらうための精神的な介護支援や、経済的な支援を行えるようにするためのケアプランの作成とその実施**です。

　具体的には、次のようなポイントを参考にケアを行っていきましょう。

Point 1　自己決定に基づく意思確認

利用者の自己決定という観点から、利用者には、事前に最期の迎え方を確認しておきましょう。具体的には、①看取りの場所、②延命医療の要否・範囲、③食べられなくなった場合の栄養管理の方法、④苦痛の緩和手段、⑤経済的な負担の範囲、⑥葬儀方法、⑦遺言・遺産分割の方法など、⑧形見の品の有無・分け方など、⑨最期に会いたい人、⑩最期のときに連絡して欲しい家族の範囲、などを、ケアマネジャーは利用者や家族と話し合い、利用者や家族の意思を確認しておくことが大事です。

Point 2　協働できるケアチームを結成する

ケアに必要となる疼痛治療や体位変換、たんの吸引など、医療・看護・介護などにかかわるケアチームを構成し、必要なときにすぐにサービスを受けられるように手配しておきましょう。

Point 3　利用者や家族が望むサービスをかなえる努力をする

制限のある中でも、在宅での最期の時間を有意義に過ごしてもらうために、Point1で確認した利用者の自己決定に基づく意思（②〜④など）を優先し、そのニーズに応じたサービスを提供できるようにするため、迅速に動きましょう。

Point 4　利用者や家族の不安やストレスを軽減させる

ケアの開始後、疼痛コントロールが上手にされず、利用者や家族がケアにストレスや不安を覚えることがあります。そのような場合、ケアマネジャーが"利用者や家族の声"となって主治医などに相談し、ケアカンファレンスなどを率先して開いて、ケアの改善をお願いし、改善したサービスに効果が表れているかどうかもモニタリングしましょう。

Point 5　経済的な支援の協力

疼痛薬や褥瘡（じょくそう）ケアのための医薬品、おむつ、人工呼吸器、たんの吸引器など、必要な備品が多くなるため、利用者や家族には経済的な負担もかかります。地域の助成制度（おむつなど）の活用や、必要なサービスを安く、効率的に利用できるか、介護保険外のサービスとのマッチングを考えるなど、利用者や家族の経済的負担を少しでも軽減できる方法を考えましょう。

　ターミナルケアでは、利用者の心身のレベルは日ごとに低下していきます。ケアマネジャーは、その少しの変化や、これから起こる変化も予測しながら、ケアプランに「看取り」のサービスを組み込んでいく作業が必要になってきます。

　例えば、動けなくなってきたときの室内の環境整備や、食べられなくなってきた場合の栄養管理や水分摂取の方法、末期を迎えたときに必要となる医療機器の導入など、様々な生活場面に目を配り、利用者や家族が困ったり慌てたりしないように、先を見すえながら、刻一刻と変化していく利用者の心身に応じたケアプランを作成し、実施していかなくてはなりません。

　そのためには、**ふだんから利用者や家族のささいな変化を見つけられる"気付き力"を養いましょう**。

セルフチェックのコツ

セルフマネジメントしていきましょう

　ケアマネジャーは、上司から指示を受けて業務をこなしていくのではなく、担当する利用者のケアマネジメントプロセスのすべてを一人で組み立てていく必要があるため、セルフマネジメントの技術が求められます。

　特に、新規の利用者を受け付けて、サービスが開始されるまでは、アセスメント、契約、サービス担当者会議…、と短期間に行わなければならない業務も多く、やることに追われて一日を過ごすという場合も多いのではないでしょうか。

　また、ケアマネジャーはその業務の特性から、どうしても早急な対応や臨機応変な対応が求められることが多くあります。急な要望や連絡に振り回されて、「今日も何もできないうちに一日が終わってしまった」ということがないように、**自分自身の仕事をしっかりとセルフマネジメント**し、余裕を持って行動できるように業務を組み立てていきましょう。

仕事がしやすい環境を整えましょう

　日々業務に追われ、必要な資料や情報がどこにあるかわからない、すぐに取り出せず書類の山をひっくり返して…、ということはありませんか。これでは、質の高いケアマネジメントを提供することはできません。利用者に関する情報は正しく整理し、いつでも取り出せるようにしておくことが大切です。

□ サービス事業所の情報は一覧でまとめておくと便利

　ふだんよく使用するサービス事業所の情報は、121ページのような様式で手帳などにまとめておき、すぐに見られる状態にしておくと、その都度確認する必要がなく、便利です。

スキルアップ編　ポイント6　セルフチェックのコツ

セルフマネジメントしていきましょう／仕事がしやすい環境を整えましょう

サービス事業所一覧

サービス種別	事業所名	担当者	TEL	FAX	加算情報	休業日	備考
デイ	○○デイサービス	○○	03-XXXX-XXXX	03-XXXX-XXXX	処(I)	日、祝日	大規模(I)
訪問	○○ヘルパーステーション	○○	03-XXXX-XXXX	03-XXXX-XXXX	体制(II)	年中無休	

ケアマネジメントプロセスを管理しましょう

　ケアマネジメントは介護保険法に則ってそのプロセスを遂行していかなければなりません。これは利用者を支援していく上での最低限守るべき基準であり、必要不可欠なものです。

　ケアマネジメントにおいて必須のプロセスを以下に挙げます。プロセスが抜けた場合には、運営基準減算となるので注意して取り組みましょう。

アセスメント

利用者の居宅を訪問し、利用者とその家族に面接して行う。

サービス担当者会議

情報共有とケアプラン原案への専門的意見の聴取（やむを得ない場合は照会も可）。

ケアプラン原案の説明、同意

各サービスが保険給付となるか区分した上で、利用者またはその家族に説明し文書で同意を得る。

ケアプランの交付

利用者とサービス事業所の担当者に交付する。

モニタリング

1か月に1回以上、利用者の居宅を訪問し、利用者に面接、モニタリング結果を記録する。

認定の更新・区分変更時、サービス担当者会議

ケアプラン変更の必要性について専門的意見の聴取を行う（やむを得ない場合は照会も可）。

スキルアップ編　ポイント6
セルフチェックのコツ

ケアマネジメントプロセスを管理しましょう

□ ケアマネジメントプロセス管理ツール

多くの利用者を担当していると、利用者ごとのケアマネジメントプロセスの進行状況が曖昧になりがちです。次のような表を使ってプロセス管理してみましょう。

支援プロセス管理表

利用者名：

	進捗確認欄	作成日
相談受付表		年　月　日
介護保険証情報の確認		年　月　日
介護保険負担割合証の確認		年　月　日
個人情報使用同意書		年　月　日
重要事項説明		年　月　日
契約取り交し		年　月　日
居宅サービス計画の作成届出		年　月　日
認定結果・主治医意見書情報の入手		年　月　日
アセスメント表		年　月　日
居宅サービス計画原案作成		年　月　日
サービス事業者へのサービス提供依頼		年　月　日
サービス種別：		年　月　日
サービス種別：		年　月　日
サービス種別：		年　月　日
サービス種別：		年　月　日
サービス種別：		年　月　日
サービス担当者会議　招集		年　月　日
サービス担当者会議　開催		年　月　日
サービス担当者会議　要点のまとめ		年　月　日
居宅サービス計画原案の説明・同意		年　月　日
居宅サービス計画の交付（利用者）		年　月　日
居宅サービス計画の交付（サービス事業者）		年　月　日
個別サービス計画書受け取り		年　月　日
利用表の交付		年　月　日
提供表の交付		年　月　日
支援経過の入力		年　月　日

タイムマネジメント

　ケアマネジメントでは、利用者や事業者からの問い合わせや書類作成に「追われる」のではなく、必要な業務をあらかじめ組み立てることで、能動的に時間を使っていきましょう。

◻ 1か月単位で業務を組み立てる

　1か月単位の予定表を用いて、それぞれの週に中心的に行う業務を洗い出していきます。

1	2	3	4	5	6	7
月	火	水	木	金	土	日

1日～7日： 給付管理業務・定期訪問アポイント

8	9	10	11	12	13	14
月	火	水	木	金	土	日

15	16	17	18	19	20	21
月	火	水	木	金	土	日

8日～21日： モニタリング・定期訪問 1日3件×10日間＝30件、研修・情報収集

22	23	24	25	26	27	28
月	火	水	木	金	土	日

22日～28日： サービス事業所へ次月の提供表送付

29	30	31	1	2	3	4
月	火	水	木	金	土	日

29日～31日：1か月の書類整理

スキルアップ編　ポイント6
セルフチェックのコツ
タイムマネジメント

☐ 週ごとの中心業務をスケジューリングする

次に、1か月の予定表で割り振った週ごとの中心業務を、週間予定に組み込んでいきます。

組み込む際は、バラバラと組み込んでいくよりも「月曜日の午前中はモニタリング訪問しよう」といった具合にメリハリをつけたスケジュールとし、日々3〜4時間の空白時間を確保するようにすると、後から突発的な対応が必要になった際にもあわてずに行えます。

また、支援経過の入力やモニタリング記録等、書類作成に必要な時間も週間スケジュールに組み込んでおきます。

ケアプランでいうところの「週間サービス計画表」を作るイメージで、取り組みましょう。

	1 月	2 火	3 水	4 木	5 金	6 土	7 日
8:00							
9:00	定期訪問（3件）		定期訪問（3件）		定期訪問（3件）		
10:00							
11:00							
12:00							
13:00		定期訪問（3件）	モニタリングまとめ	定期訪問（3件）	モニタリングまとめ		
14:00	モニタリングまとめ						
15:00			行政研修会		定期訪問（予備）		
16:00							
17:00							
18:00							
19:00							

☐ 1日をスケジューリングする

　週間スケジュールをもとに、1日単位でのスケジュール管理をしていきます。

　朝、出勤したらまずその日の予定表をチェックし、必要な時間配分を確認します。業務を行っていく中で、どうしても突発的な業務は発生してきます。その際には都度、リスケジュールをし、予定していた業務を別の時間帯に置き換えます。

　1日の終わりには、その日のスケジュールで達成できなかった業務がないかを確認し、未達成業務があった場合には必ず翌日以降にスケジューリングしておくように習慣づけましょう。

　必要な業務を時間区切りでスケジューリングしておけば、作業がスムーズに進行し、時間を効率的に使うことができます。

☐ スケジュール管理ツールを上手に使おう!

　スケジュール管理の方法は、人によって手帳で管理したり、卓上カレンダーに記入したり、と様々でしょう。

　もしスマートフォンやタブレット端末をお持ちでしたら、パソコンと同期できるスケジュール管理カレンダーのアプリケーションがお勧めです。これは、インターネット上でスケジュールの管理ができるもので、インターネットにつながる端末があれば、場所を選ばずスケジュールの確認・追加・変更ができます。こういったアプリケーションを使用すれば、「勤務先」「自宅」「利用者宅」のどこにいてもスケジュールを一元管理することができ、とても便利です。

☐ 支援経過をマネジメント！

　ケアマネジメントを展開していく上で、その都度経過を記録に残していくことが求められますが、記録を後回しにしていると、「いつ訪問しただろうか」「連絡が来たのはいつだったろうか」とあやふやになってしまうことはありませんか。もちろん支援経過は忘れないうちに、こまめに記録したいところですが、実際には訪問や問い合わせ対応等でどうしても後回しになってしまうことも多いでしょう。

　そこで、支援経過用に1冊のルーズリーフ型ノートを用意することをお勧めします。利用者ごとにタグを付け、日々あった出来事をメモでどんどん書き込んでおきます。電話連絡のメモ用紙なども貼り付けておけば、後でそのノートを見ながら支援経過を記録できます。

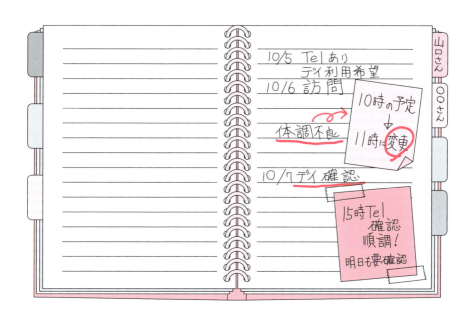

心のセルフマネジメント

　利用者には様々な方がいます。穏やかな方もいれば気難しい方、重度の認知症で日常生活上の課題にあふれている方もいます。そうした方々の生活全般を支援するケアマネジャーには、時に強いストレスがかかる場面が存在します。

　さらには組織としての業績や成果を求められたり、次々に発生する他事業所との連絡調整等、日々様々なストレスにさらされています。

　こうしたストレスからケアマネジャー自身が心身のバランスを崩してしまったり、バーンアウト（燃え尽き症候群）といった事態となっては、質の高いケアマネジメントが提供できないのはもちろんのこと、支援を継続することも難しくなってしまいます。

　自分の心身の健康があってこそのケアマネジメントですから、ストレスと上手に付き合いながら心と身体のバランスを保ち、日々の業務に取り組みましょう。

《ストレスと上手に付き合うために…》

- ◆自分のできることの限界を知りましょう。
- ◆自分がどんな場面でストレスを強く感じるかを、把握しておきましょう。
- ◆ストレスを強く感じる場面に遭遇したら、意識的に自己調整を心掛けましょう。
- ◆限界を超える前に定期的にガス抜きをしましょう。
- ◆相談できる相手・場所を持ちましょう。
  ケアマネジメント業務に関する不安は、地域包括支援センターへ相談したり、地域の連絡会等へ参加するなどして一人で抱え込まないようにしましょう。
- ◆休養や食生活など、健康的な生活を心掛けましょう。

ケアマネジメントの質を高めていきましょう

　ケアマネジメントは、利用者一人ひとりの「その人らしい生活」を一緒に考え、そのニーズに応じて最適なケアプランを模索していきます。

　しかし、日々の業務を行う中で、次のようなことはありませんか。

- サービス担当者会議が形骸化し、「開催すること」が目的になっている。
- 十分な課題分析がないままにサービス選択に結び付けている。
- 家族の意向を中心にケアプランが展開され、本人の意向が十分に確認できていない。
- サービス事業者の都合が優先され、本人の都合が軽視されている。
- モニタリングで十分な評価ができていない。

　利用者の尊厳ある生き方を支援する質の高いケアマネジメントを進める上で、忘れてはいけないポイントを再確認しておきましょう。

利用者本位

　利用者やその家族がケアプランの作成プロセスに参加し、ケアマネジャーからの十分な情報提供と相談援助によって「自己決定」ができるように支援していきます。

　あくまで生活の主役は「利用者」であり、利用者の意思を尊重した形でケアプランを展開していきます。

　ただし、利用者の意向をそのまま反映することが良いのではなく、顕在化していないニーズや背景を含めて十分に課題分析した上で、支援していく姿勢が必要です。

自立支援

　ケアマネジメントを展開する上で、利用者のニーズをサービスによって全て解決しようと考えるのは間違ったケアマネジメントです。アセスメント時に、本人ができることに着目し、本人が主体性を持って生活できるよう支援していきます。

根拠に基づいたケアマネジメント

　ケアマネジメントは、十分なアセスメントと課題分析に基づき、十分な根拠をもって展開されることが基本となります。

　2008年7月に厚生労働省から「ケアプラン点検支援マニュアル」が出されました。

　このマニュアルは、ケアプランがケアマネジメントの視点を踏まえて、専門家としての判断を根拠として「自立支援」に向けたものとなっているかを、保険者とケアマネジャーが一緒に確認し、「気づき」の促しと「質の高いケアマネジメント」を目指すためのものです。保険者が事業者のケアプラン点検を行うための支援マニュアルですが、ケアマネジャー自身が自己点検に活用することもできます。次のページからこのマニュアルの抜粋を掲載しますので、日々のケアマネジメントの自己点検に役立てましょう。

□「ケアプラン点検支援マニュアル」(抜粋)〜各帳票に関する指標〜

> **スキルアップ編　ポイント6**
> **セルフチェックのコツ**
> **ケアマネジメントの質を高めていきましょう**

課題分析表（アセスメントツール）

確認ポイント
➡P134、226〜227

● **アセスメント表とは**

　アセスメントは、ケアマネジメントにおいて、ケアマネジャーが行う一番重要で専門的な作業といえます。介護保険制度では、「課題分析」と位置づけられており、居宅介護支援の場合は、厚生労働省令38号第13条に、「適切な方法により、利用者が抱える問題点を明らかにして、解決すべき課題を把握する」よう示されています。

　そのためには、利用者の心身の状態、生活環境、介護力等の各項目の情報を的確に、かつ総合的に把握し、利用者および家族が直面している困り事や生活を営む上での課題（自覚・無自覚）を整理し、その原因・背景をあらゆる面から分析し、「状態」と「原因」をつなげていく必要があります。しかしそれだけではなく、利用者が課題分析を通じて「望む生活」に向けて前向きに課題を受け止め、主体的な取り組みが行えるよう、専門職として働きかけることが重要であることを認識しなければなりません。

　大切なのは支援が必要な状況を明らかにするだけではなく、**利用者および家族が持つ力の強さ、可能性に着目**する視点を持ったアセスメントができることにあります。専門職として働きかけるための、最も基本的な作業の1つだということを認識しておかなければなりません。

　アセスメント表は、ケアマネジャーが利用者の自立支援に向けたケアプランを作成する上で、「課題分析に必要な利用者の情報収集→課題の整理・分析→意欲的な取組への働きかけ」という一連の流れを適切に実施するために必要不可欠なものであります。

　不十分なアセスメントからは、適切な課題や目標は導き出されず、本来目指すべき「自立支援」と、かけ離れたケアプランとなります。

　したがって、このアセスメント力を向上させることが、より質の高いケアマネジメントへとつながることを常に意識しながら、取り組んでいくことが大切になります。

> 居宅サービス計画書とは

　居宅サービス計画書とは、**利用者および家族の「望む生活」を具現化するための計画書**といえます。「望む生活」の実現に向けて、ケアチーム（利用者および家族も含む）が目指す方向性や果たすべき役割、提供するサービスやセルフケアおよび家族支援等が具体的に書面に表されたものであるといえます。

　したがって、次に示す第1表・第2表・第3表は、連動した帳票であることを押さえておく必要があります。

> 第1表 居宅サービス計画書（1）　　確認ポイント ➡P134

● 第1表とは

　利用者および家族の「望む生活」を含め、**居宅サービス計画全体の方向性を示す**帳票です。居宅サービス計画書の中で、**利用者および家族の生活に対する意向**が、はっきりと示される一番重要な帳票ともいえます。

　第1表は、利用者・家族・ケアする人々の気持ちを1つにするための大切な計画書であり、できるだけわかりやすく、利用者の言葉で具体的に記載することが重要です。また、利用者の生活を支援するケアチームの気持ちを1つにし、利用者とともに同じ方向に歩んでいくための大切な帳票であるといえます。

> 第2表 居宅サービス計画書（2）　　確認ポイント ➡P135

● 第2表とは

　第1表で示された「利用者の望む生活」を実現していくために、アセスメントから導き出された1つひとつの生活課題を、具体的な手段を示しながら一歩ずつ解決していくための手順を表したものです。居宅サービス計画全体の中核となる帳票です。

第2表は、利用者の生活課題（生活全般の解決すべき課題「ニーズ」）の中で、解決していかなければならない課題の優先順位を見立て、そこから目標を立て、

1) **利用者自身の力で取り組めること**
2) **家族や地域の協力でできること**
3) **ケアチームがお手伝いをすること**

で、できるようになることなどを整理し、具体的な方法や手段をわかりやすく示した帳票です。

目標に対する援助内容では、「いつまでに、誰が、何を行い、どのようになるのか」という目標達成に向けた取り組みの内容やサービスの種別・頻度や期間を設定します。これはケアチームの目標達成期間であり、モニタリングやケアプランの見直しの指標となるものです。

第3表 週間サービス計画表　　確認ポイント ➡ P136

● 第3表とは

第2表で計画した具体的な支援の内容を、週単位で示した帳票です。

利用者の本来の日常生活リズムを把握した上で、介護保険サービス等を含めた支援内容が組み込まれたことにより、**利用者の生活リズムがどのように変化しているか**がわかります。週単位で行われる支援内容を、曜日・時間帯で示すことで、**利用者および家族が自分たちの生活リズムを管理する**ことができます。

さらに、週単位、24時間の時間管理を示すことで、ケアチームとしても、ほかのサービスが週単位でどのように組み込まれているかを把握することができ、連携を図る上で役立ちます。

また、短期入所や住宅改修、通院状況など、週単位以外のサービスを記載することにより、サービスの全体像、中長期的なサービス計画を把握することができます。

□「ケアプラン点検支援マニュアル」（抜粋）〜確認ポイント〜

「ケアプラン点検支援マニュアル」の指標を参考に作成したケアプランがきちんとできているかどうかは、次の確認ポイントで点検してください。

	確認項目	確認ポイント
課題分析表	アセスメントの基本	□ 利用者・家族にアセスメントの必要性を説明した □ 利用者の生活課題（ニーズ）、能力（可能性）を明らかにすることができた □ 現状とサービス導入後のそれぞれの予測を行った □ 利用者の負担にならないよう適切な時間でアセスメントができた
	基本情報	□ 最低限必要な項目（課題分析標準項目）に沿った情報の収集・整理ができている □ 必要に応じて利用者・家族以外の関係者からも情報を入手するように努めている □ ケアマネジャーとして個人的な価値観をアセスメントに持ち込まないよう努めている

	確認項目	確認ポイント
第1表　居宅サービス計画書（1）	必要な記載事項の確認について	□ 利用者・家族の意向が記載されている □ 介護認定審査会からの意見・サービスの種類が記載されている □ 総合的な援助の方針が記載されている □ 生活援助中心型の算定理由が記載されている
	利用者・家族の生活に対する意向の妥当性	□ 利用者・家族それぞれの生活に対する意向とアセスメントの結果が合致している □ 利用者・家族が介護保険を利用することで改善される生活を具体的にイメージできている
	総合的な援助の方針の妥当性	□ ケアマネジャーが目指す方針ではなく、利用者・家族を含むケアチームが、目指すべき方向性を確認し合える内容が記載されている

スキルアップ編　ポイント6
セルフチェックのコツ

ケアマネジメントの質を高めていきましょう

確認項目	確認ポイント
第2表 居宅サービス計画書（2） 生活全般の解決すべき課題の妥当性	□ それぞれの課題が導き出された原因や背景を押さえている □ 優先すべき課題の項目に応じた課題の整理が行えている □ 生活に対する意向と生活全般の解決すべき課題の関連付けが図られている □ 課題が、意欲的に取り組めるような、わかりやすく、肯定的な表現になっている
長期目標、短期目標、サービス内容・サービス種別等の妥当性	【長期目標】 □ 解決すべき課題を目指した達成可能な目標設定になっている □ 認定期間も考慮しながら達成可能となる目標と期間の設定になっている □ 目標設定が支援者側の押し付けになっていたり、サービス内容そのものになっていたりしない 【短期目標】 □ 長期目標を達成するための段階的な目標と期間になっている □ 個別サービス計画の目標となる具体的な記載になっている □ 抽象的な目標設定になっていない 【サービス内容・サービス種別・頻度・期間】 □ 短期目標の達成に必要なサービス内容となっている □ 医療ニーズの高い利用者には、医療系サービスも盛り込まれている □ 主治医意見書・サービス担当者会議の意見を反映している □ 特定のサービスによる偏りがない □ セルフケアや家族支援、インフォーマルサービスなども必要に応じて記載されている

	確認項目	確認ポイント
第3表　週間サービス計画表	週間サービス計画表の確認	□介護給付以外の取り組みについても記載ができており、家族の支援や利用者のセルフケアなどを含む生活全体の流れが見える記載となっている □円滑なチームケアが実践できるような、わかりやすい記載がなされている □夜間・土日・祝祭日などの支援体制も考慮された計画になっている □定期的な受診・訪問診療や、一時的に利用した住宅改修・福祉用具購入などのサービス内容が、「週単位以外のサービス」欄に記載され、支援体制の全体像が把握できている

資料編

ケアマネジャーの仕事をしていく上で知っておきたい介護保険以外の制度や、苦手意識のある方の多い医薬に関する情報など、あると便利な情報・資料をまとめています。

手続きの流れを知りたかったり、現場に行く前にちょっと不安だなと感じたときなどに調べるのに役立ちます。

また、薬の情報は、利用者さん宅に訪問した際に、薬から利用者さんの病気を知ったり、医師・薬剤師さんとの連携の際の強い味方にもなります。

地域包括ケアシステム

 ## 地域包括ケアシステムとは

　日本では、2025（平成37）年になると、団塊の世代が75歳以上に達し、高齢社会はますます加速していきます。

　そのような時代を見すえ、国は、2011（平成23）年の介護保険法等の改正により、高齢者の尊厳やプライバシーを保ちつつ、たとえ要介護度が重くなっても、**できるかぎり住み慣れた地域で自分らしく最期まで暮らすことができる**ように、**「住まい」「生活支援」「介護」「医療」「予防」といった5つのサービスを、地域で包括的・継続的に行っていける体制**づくりを推進しています（2014〔平成26〕年の介護保険法等の改正においても同趣旨）。この体制が、**「地域包括ケアシステム」**です。

 ## なぜ、必要なのか

　昔に比べ核家族化が進んだ影響もあり、ここ数年、各地域では高齢者の孤立化や孤独死が増えています。また、医療や看護を必要とする独居の高齢者や老々介護の世帯、買い物難民や認知症患者など、生活の援助や医療・看護・介護などを必要とする高齢者は増加の一途をたどっています。

　そのため、医療保険や介護保険のサービスのほか、多様な生活支援や見守り、安否確認、成年後見制度などの権利擁護、住宅の確保、低所得者への生活援助といった様々な制度や支援が、途切れることなく提供されることが望まれます。

　しかし、それぞれの提供システムは分断され、有機的な連携がなく、地域での包括的かつ、継続した仕組みに成熟していないのが現状です。

　そこで今後は、**保健・医療・福祉の専門職や専門機関の相互的連携のほか、地域の社会福祉法人や自治会、老人クラブ、ボランティア団体、企業やNPOなどの地域の社会資源を統合し、これらをネットワーク化して、地域で高齢者を支える地域包括ケアシステムの構築が必要**となります。

地域包括ケアシステムの概要

地域包括ケアシステムは、30分以内に必要なサービスが提供される日常生活圏域を単位として想定し、医療、介護、住まい、生活支援、介護予防のサービスが、利用者のニーズに応じて適切かつ包括的に提供され、入院・退院・在宅復帰を通じて切れ目のないサービスが、継続的に提供されるようにするためのシステムです。

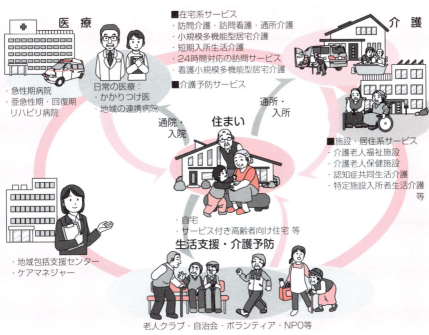

厚生労働省ホームページをもとに作成

地域包括ケアシステムのポイントは次の5つです。

Point 1 医療（医療・看護との連携の強化）

- 24時間対応の在宅医療、訪問看護、リハビリテーションの充実
- 介護職員によるたんの吸引など、自宅での介護との連携を図った医療サービスの利用

Point 2　介護（介護サービスの充実）

- 介護が必要になったときに、緊急で入居できるショートステイや特別養護老人ホームなど、介護施設の緊急整備
- 夜間も自宅で安心して過ごせる24時間対応の「定期巡回・随時対応サービス」などによる在宅サービスの強化

Point 3　予防（介護予防の取り組み強化）

- 要介護状態を防ぐために、地域の社会福祉協議会や民生委員、自治会、老人クラブ、ボランティア団体などと連携した介護予防への取り組み
- 自立支援型の介護サービスの推進

Point 4　生活支援（多様な生活支援サービスの確保や権利擁護）

- 安心して自宅で暮らせるために、見守り、配食、買い物など、暮らしに困らないための生活全般の支援
- ひとり暮らし、高齢夫婦世帯、認知症高齢者のための財産管理といった権利擁護サービスの強化

Point 5　住まい（住宅と暮らし方）

- 高齢期になっても安心して住み続けることのできる高齢者住宅の整備
- 一定の基準を満たした有料老人ホームや高齢者専用賃貸住宅、サービス付高齢者住宅の支援

地域包括ケアシステムにおけるケアマネジャーの役割

　地域包括ケアシステムをより効果的なものにしていくためには、地域包括支援センターが中核機関になる必要があります。

　そのために、地域包括支援センターが主催し、運営する「**地域ケア会議**」があります。地域ケア会議は、自治体職員、地域包括支援センター職員、介護サービス事業者、医療関係者、ケアマネジャー、民生委員、高齢者の支援にかかわる地域の団体や住民などによって構成されます。これらの多職種の協働によって、個別の利用者の支援内容を検討し、その課題解決やケアマネジメント支援を行うとともに、地域支援ネットワークを構築し、地域の課題を把握します。

　その際には、ケアマネジャーの役割も大変重要となってきます。地域における「住まい」「生活支援」「介護」「医療」「予防」の5つのサービスに関係する機関をつなぎ、調整などの橋渡しを行い、適切なサービスの組み合わせをプランニングし、実践することが、ケアマネジャーの業務だからです。

　利用者や家族の思いに寄り添い、利用者が地域で孤立しないように地域の関係各機関と連携を図りながら、個々の課題や、本当に必要としているニーズを把握し、適切なアセスメントに沿ったケアプランの実施とモニタリングを継続していくことが大切です。

　そして、これら一連の業務を行いながら地域の中に一緒に入り、利用者や家族を、地域の人たちとともに支えていくことも、今後のケアマネジャーにいっそう求められるスキルだと思います。

日常生活圏域（30分以内にリーチできる地域）

ケアマネジャー
利用者が孤立しないように関係機関の連携の橋渡しやサービスのプランを設計する

ヘルパーのできる医薬に関する行為

訪問介護において、薬や医療的ケアでヘルパーのできる行為は、次の通りです。

医療器具を使うケア

たんの吸引	口腔・鼻腔内および気管カニューレ内部のたんの吸引。ただし、条件がある[※1]	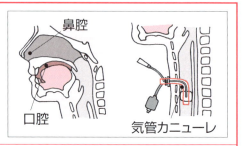
経管栄養	胃ろう・腸ろう・経鼻での栄養剤の注入。ただし、条件がある[※1]	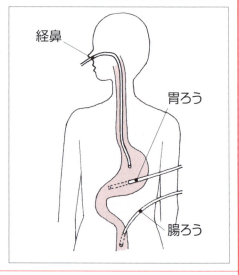
消化管ストーマパウチの交換等	消化管ストーマのパウチの交換、パウチにたまった排泄物の処理[※2]	
自己導尿カテーテルの準備等	自己導尿カテーテルの準備、体位の保持	

※1 平成24（2012）年4月より、医師、看護職等との連携の確保など一定の要件を満たして都道府県知事に登録した事業所に所属し、厚生労働省が定める研修を修了し、都道府県知事に登録した介護職員等であり、本人または家族との同意書のもと、担当医や看護師の定期的な訪問や連携がなされている場合などのみに限る。

※2 肌への接着面に皮膚保護機能を有する装具のみであり、肌に接着したパウチの取り替えは除く。

資料編 ヘルパーのできる医薬に関する行為

医薬品を使うケア

軟膏の塗布	皮膚に軟膏を塗ること。床ずれ（褥瘡）の処置を除く
湿布薬の貼付	皮膚に湿布を貼ること[※1]
一包化された内服薬の服薬介助	一包化されている薬の封を開け、手渡しすること[※1]。舌下錠の使用も含む
点眼薬の点眼等	点眼薬の点眼、点耳薬の滴下、鼻腔粘膜に薬剤の噴霧[※1]
裂傷の処置等	軽微な切り傷、すり傷、火傷などの応急処置、汚れたガーゼなどの交換。専門的な判断や技術を要しない場合に限る
坐薬の使用	肛門への坐薬の挿入[※1]
浣腸の使用	ディスポーザブルグリセリン浣腸器を使っての浣腸[※2]

[※1] 患者の状態が安定し、医師や看護師などの経過観察を要さない、医薬に関する専門的な配慮の必要がないことを医療職が確認し、医療免許資格者でない者による医薬品の使用介助を本人または家族に伝え、本人または家族の依頼により医師の処方を受け、事前に患者ごとに区分し授与された医薬品について、医師などの処方および薬剤師の服薬指導の上、看護師の保健指導・助言に則った使用を介助している場合に限る。

[※2] 挿入部の長さが5～6cm程度以内、グリセリン濃度50％、成人用の場合で40g程度以下の場合に限る。

バイタルチェック・保清ケア等

体温測定	水銀体温計・電子体温計を使って腋の下での体温測定 耳式電子体温計を使って耳の穴での体温測定
血圧測定	自動血圧測定器を使っての血圧測定
パルスオキシメーターの装着	入院治療が不要な方に対して、在宅で動脈血酸素飽和度を測るためのパルスオキシメーターの装着
口腔ケア	歯ブラシや綿棒などを使っての歯、口腔粘膜、舌の汚れの除去（重度の歯周病等がない場合に限る）
爪切り	爪切り、爪やすりを使ってのやすりがけ[※]
耳垢の除去	耳アカの除去。耳垢塞栓を除く

[※] 爪や、その周囲の皮膚に化膿や炎症がない、糖尿病等の疾患に伴う専門的な管理が必要でない場合に限る。

高齢者関連制度

障害者総合支援法の自立支援システム

　障害者自立支援法は、2012（平成24）年の改正により、2013（平成25）年4月から「障害者の日常生活及び社会生活を総合的に支援するための法律」（障害者総合支援法）に変わりました。

　同法に基づく障害者福祉制度は、市町村が主体となって行われます。身体障害者、知的障害者、精神障害者、難病患者等を対象に、障害の種別に関係なく、共通のサービスが提供されます。

　このサービスでは、自立支援給付（個別の支給決定により障害福祉サービスなどを提供する）と地域生活支援事業（地域の実情に応じて柔軟に実施する）の2つがメインとなります。

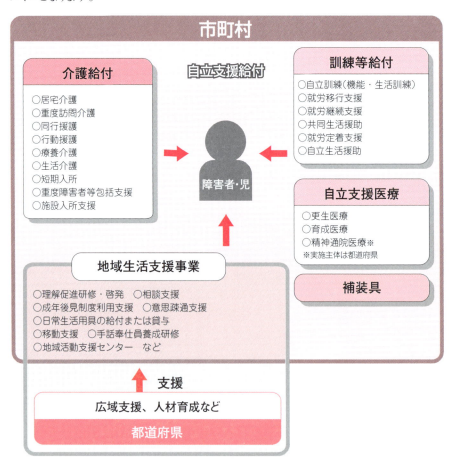

自立支援給付

　自立支援給付には、サービスの内容が介護保険のサービスと近いものがあります。以下の表に挙げる「（自立支援給付の）介護給付」と「（自立支援給付の）訓練等給付」については、**介護保険サービスが優先**されるので、障害のある高齢者のケアプランを設計する場合などには、注意が必要です。

（自立支援給付の）介護給付

居宅介護	**自宅**で、入浴、排泄、食事の介護などを行う
重度訪問介護	**重度の肢体不自由者**や**重度の知的障害または精神障害**により行動上著しい困難を有する者であって、常に介護を必要とする者に、自宅で、入浴、排泄、食事の介護、外出時における移動支援などを総合的に行う
行動援護	**知的障害または精神障害により行動上著しく困難を有する者**が行動するときに、危険を回避するために必要な支援、外出支援などを行う
重度障害者等包括支援	**介護の必要性がとても高い者**に、居宅介護などの複数のサービスを包括的に行う
短期入所（ショートステイ）	**自宅で介護する者が病気の場合など**に、短期間、夜間も含め、施設で入浴、排泄、食事の介護などを行う
療養介護	**医療と常時介護を必要とする者**に、医療機関で昼間、機能訓練、療養上の管理、看護、介護および日常生活の世話を行う
生活介護	**常に介護を必要とする者**に、施設で昼間、入浴、排泄、食事の介護などを行うとともに、創作的活動または生産活動の機会を提供する
施設入所支援	**施設に入所する者**に、夜間や休日、入浴、排泄、食事の介護などを行う
同行援護	**重度の視覚障害者**の外出時における移動支援を行う

（自立支援給付の）訓練等給付

自立訓練 （機能訓練・生活訓練）	自立した日常生活または社会生活ができるよう、一定期間、**身体機能または生活能力の向上のために必要な訓練を行う**
就労移行支援	一般企業などへの就労を希望する者に、一定期間、**就労に必要な知識および能力の向上のために必要**な訓練を行う
就労継続支援 （雇用型・非雇用型）	一般企業などでの就労が困難な者に、**働く場を提供する**とともに、**知識および能力の向上のために**必要な訓練を行う
共同生活援助 （グループホーム）	夜間や休日、**共同生活を行う住居で**、相談や入浴、排泄、食事の介護その他の日常生活上の援助を行う
就労定着支援	就労移行支援等により一般就労へ移行した者の課題解決に向けた**指導・助言**などを行う
自立生活援助	**定期的な巡回訪問**により、日常生活上の**課題の確認および助言、医療機関との連絡調整**などを行う

　次の補装具の購入、貸与または修理の費用については、補装具費が支給されます。

補装具

障害の種類	補装具の種目
視覚障害	盲人安全杖、義眼、眼鏡
聴覚障害	補聴器
肢体不自由	義肢、装具、座位保持装置、座位保持いす、起立保持具、排便補助具、重度障害者用意思伝達装置、車いす、電動車いす、歩行器、歩行補助杖（1本杖を除く）、頭部保持具

地域生活支援事業

地域生活支援事業には、市町村が行うものと、都道府県が行うものがあります。

市町村が行う主な事業	
相談支援事業	障害者等やその保護者などからの相談に応じ、必要な情報提供や権利擁護のために必要な援助を行う。また、協議会を設置して、地域の相談支援体制やネットワークの構築を行う
成年後見制度利用支援事業	障害福祉サービスの利用の観点から成年後見制度を利用することが有用であると認められる知的障害者または精神障害者に対し、成年後見制度の利用を支援する
意思疎通支援事業	聴覚、言語機能、音声機能、視覚その他の障害のため、意思疎通を図ることに支障がある障害者等に対して、手話通訳者・要約筆記者派遣事業、手話通訳者を設置する事業、点訳、代筆、代読、音声訳等による支援事業などを行う
日常生活用具給付等事業	障害者等に対し、自立生活支援用具等の日常生活用具の給付または貸与を行う
移動支援事業	屋外での移動が困難な障害者等に対し、外出のための支援を行う
地域活動支援センター機能強化事業	地域活動支援センターの機能を充実強化させる
その他の事業 （＊は必須でない事業）	●理解促進研修・啓発事業 ●自発的活動支援事業 ●成年後見制度法人後見支援事業 ●手話奉仕員養成研修事業 ●障害支援区分認定等事務（＊）　など
都道府県が行う事業	
専門性の高い相談支援事業	●発達障害者支援センター運営事業 ●高次脳機能障害・関連障害に対する支援普及事業
広域的な支援事業	都道府県相談支援体制整備事業
その他の事業 （＊は必須でない事業）	●専門性の高い意思疎通支援を行う者の養成研修事業 ●専門性の高い意思疎通支援を行う者の派遣事業 ●意思疎通支援を行う者の派遣に係る市町村相互間の連絡調整事業 ●サービス・相談支援者、指導者育成事業（＊）　など

高齢者虐待の対応

高齢者虐待への対応は次のような流れに従って手続きが進みます（自治体により詳細は異なる場合があります）。

虐待の疑いを発見

本人・家族等　保健センター　医療機関　**ケアマネジャー**
介護保険サービス事業者　地域包括支援センター　民生委員
地域住民　保健所　警察　など

↓

通報・届出・受理

市町村高齢者虐待対応窓口
（市町村の高齢者虐待担当課、地域包括支援センターなど）

↓

調査

調査担当機関
（保健センター、地域包括支援センター、**ケアマネジャー**など）

↓

ケース検討

介護保険サービス事業者　保健センター　医療機関
ケアマネジャー　地域包括支援センター　民生委員
保健所　市町村　警察・弁護士等　などが連携

↓

在宅で支援 / 医療機関に入院 / 介護保険施設等に入所

高齢者虐待の具体例と気付きのサイン

区分	具体例	気付きのサイン例
身体的虐待	●つねる ●殴る ●蹴る ●無理矢理食事を口に入れる ●やけど ●打撲させる ●ベッドに縛り付けたりして、身体拘束・抑制をする　　　　　　　　　　　など	●脱水症をよく起こす ●太腿の内側や上腕部の内側、背中等に傷やみみずばれがある ●急におびえたり、こわがったりする ●転倒や傷、あざ等の説明のつじつまが合わない　　　　　　　　　　　など
心理的虐待	●排泄の失敗等を嘲笑したり、人前で話す ●怒鳴る ●ののしる ●話しかけているのを意図的に無視する　　　　　　　　　　　など	●かきむしり、かみ付き、ゆすり、指しゃぶり等がみられる ●悪夢、眠ることへの恐怖、過度の眠気等を訴える ●食欲の変化、摂食障害（過食、拒食）がみられる　　　　　　　　　　　など
性的虐待	●排泄の失敗等に対して懲罰的に下半身を裸にして放置する ●キス、性器への接触、セックスを強要する　　　　　　　　　　　など	●不自然な歩行や座位の保持が困難 ●肛門や性器からの出血や傷がみられたり、痛み、かゆみを訴える ●ひと目を避けるようになる　　　　　　　　　　　など
経済的虐待	●日常生活に必要な金銭を渡さない・使わせない ●本人の自宅等を本人に無断で売却する ●年金や預貯金を本人の意思・利益に反して使用する　　　　　　　　　　　など	●自由に使えるお金がないと訴える ●経済的に困っていないはずなのに、利用負担のあるサービスを利用したがらない ●資産の保有状況と衣食住等生活状況との落差が激しい　　　　　　　　　　　など
介護・世話の放棄・放任	●室内にごみを放置するなど、劣悪な住環境の中で生活させる ●必要とする介護・医療サービスを、理由なく制限したり使わせない　　　　　　　　　　　など	●部屋が極めて非衛生的、また異臭を放っている ●寝具や衣服が汚れたままの場合が多い ●不自然に空腹を訴えることが多い ●家族が介護者を避ける　　　　　　　　　　　など

日常生活自立支援事業

認知症高齢者、知的障害者、精神障害者等のうち判断能力が不十分な人が地域において自立した生活が送れるよう、利用者との契約に基づき、生活支援員が福祉サービスの利用援助等を行うもので、成年後見制度を補完する制度です。

実施主体は、都道府県・指定都市社会福祉協議会ですが、窓口業務は、市町村の社会福祉協議会で行っています。

	援助内容	利用料の目安※
福祉サービスの利用援助	●利用に関する相談・情報提供 ●利用料の支払い手続き ●苦情解決制度の利用援助　など	1回につき**1,000円**程度（生活保護受給者などは無料）
日常的金銭管理サービス	●年金や福祉手当ての受領に必要な手続き ●医療費、税金、社会保険料、電気、ガス、水道などの公共料金の支払い手続き ●日常生活に必要なお金の出し入れ、また預金の解約の手続き	
書類等預かりサービス	年金証書、預貯金通帳、証書（保険証書・不動産権利証書・契約書など）、実印、銀行印などの預かり	月額**250〜1,000円**程度

※契約締結前の初期相談等にかかる経費は無料。生活支援員の交通費は利用者負担となる。

【利用者向けのパンフレット】

社会福祉法人 全国社会福祉協議会のホームページから利用者向けのパンフレットをダウンロードできます。➡P230

成年後見制度～種類

利用の際には、まず市町村の相談窓口、高齢者総合相談センター、社会福祉協議会、司法書士、弁護士に相談します。

任意後見制度	法定後見制度
判断能力が衰える前	判断能力が衰えた後
将来のために自分を援助してくれる人や、援助してくれる内容をあらかじめ決めておくことができる	すでに精神上の障害がある場合に利用できる。障害の程度によって後見、保佐、補助に分けられる

法定後見制度～概要

	後見	保佐	補助
対象者	判断能力が欠けているのが通常の状態の人	判断能力が著しく不十分な人	判断能力が不十分な人
申立人	本人、配偶者、4親等（しんとう）内の親族、検察官、市町村長など		
保護者の権限	●財産に関するすべての法律行為についての代理権 ●日常生活に関する行為以外についての取消権	●借金、訴訟行為、相続の承認・放棄、新築・改築・増築などについての同意権と取消権 ●特定の法律行為についてのみ代理権が付与される場合もあり※	特定の法律行為についてのみ同意権・取消権、代理権が付与される場合もあり※

※本人の同意が必要

【利用者向けの説明】

法務省や成年後見センター・リーガルサポートのホームページに、わかりやすい説明があります。➡P231

消費者保護に関する法律

	対象	取り消しの要件	取り消し可能期間
消費者契約法	消費者と事業者との間の契約※1	事業者から嘘の説明をされたり、不利な内容をわざと説明しない、帰りたいといっても帰らせてくれないなど不適切な行為により、誤認や困惑をして契約したこと	●誤認に気付いたとき、困惑状態から脱したときから 6か月間 ●契約してから 5年以内
特定商取引法	訪問販売、電話勧誘販売、マルチ商法、エステ・語学教室・家庭教師・学習塾・結婚相手紹介サービス・パソコン教室の利用契約、内職商法、モニター商法により締結した販売契約・役務提供契約※2	事業者から嘘の説明をされたり、不利な内容をわざと説明しないことにより、誤認して契約したこと	●誤認に気付いたときから 6か月間 ●契約してから 5年以内
割賦販売法	訪問販売、電話勧誘販売、マルチ商法、エステ・語学教室・家庭教師・学習塾・結婚相手紹介サービス・パソコン教室の利用契約、内職商法、モニター商法により締結した販売契約・役務提供契約と個別クレジット契約※2	事業者が販売契約と個別クレジット契約の勧誘を行うとき、嘘の説明をされたり、不利な内容をわざと説明しないことにより、誤認して契約したこと	

※1 雇用契約は除く。販売方法は問わない　※2 店舗販売は対象外

クーリング・オフ制度

　消費者が契約後でも、よく考えて、商品などが必要ないと思ったら、**一定期間内**（契約書等の書面を受け取った日から計算）であれば、**無条件（キャンセル料などは不要）** に、一方的に契約を解除できます。

	クーリング・オフが可能な取引内容	解除期間
特定商取引法	**店舗外**での指定商品・権利・役務の契約（キャッチセールス、アポイントメントセールス、催眠商法を含む）	8日
	電話での資格取得用教材等の指定商品・権利・役務の契約	
	エステ・語学教室・学習塾・家庭教師・パソコン教室・結婚相手紹介サービスの**継続的な契約**	
	マルチ商法	20日
	内職商法、モニター商法	

知っ得!コラム　クーリング・オフ制度の対象にならないもの

以下のものは、原則としてクーリング・オフ制度の対象にはなりません。
- 一般の店舗販売
- 現金取引で、3,000円未満の場合
- 乗用自動車・自動車リース
- 電気・都市ガス、葬儀サービス
- 通信販売やインターネットで商品を注文した場合
- 使用・消費した健康食品、化粧品、配置薬などの消耗品

など

知っ得!コラム　契約に関しておかしいと思ったら

利用者が結んだ契約について、消費者保護に関する法律により契約を取り消せるかどうかや、クーリング・オフ制度の適用があるかどうかなどの相談は、国民生活センターや消費生活センターにしましょう。
⇨ P231

低所得者のための助成制度〜生活保護

	扶助の種類	支給内容
日常生活に必要な費用	生活扶助	基準額は、①食費等の個人的費用、②光熱水道費等の世帯共通費用を合算して算出 特定の世帯には加算あり（妊産婦加算など）
アパート等の家賃	住宅扶助	定められた範囲内で実費を支給
義務教育を受けるために必要な学用品費	教育扶助	定められた基準額を支給
医療サービスの費用	医療扶助	費用は直接医療機関へ支払い（本人負担なし）
介護サービスの費用	介護扶助	費用は直接介護事業者へ支払い（本人負担なし）
出産費用	出産扶助	定められた範囲内で実費を支給
就労に必要な技能の修得等にかかる費用	生業扶助	
葬祭費用	葬祭扶助	

知っ得！コラム

介護保険と生活保護の給付調整

- 生活保護を受けている人が介護保険の被保険者の場合
  ⇒介護保険の給付が優先します。ただし、保険給付されない**1割**の**自己負担分**については、生活保護の**介護扶助**から給付されます。
- 生活保護を受けている人が介護保険の被保険者でない場合
  ⇒**全額**が、生活保護の**介護扶助**から給付されます。

低所得者のための助成制度～生活福祉資金貸付制度

資金の種類			貸付限度額
総合支援資金	生活支援費	生活再建までの間に必要な生活費用	2人以上：月20万円以内 単身：月15万円以内
	住宅入居費	敷金、礼金等住宅の賃貸契約を結ぶために必要な費用	40万円以内
	一時生活再建費	生活を再建するために一時的に必要かつ日常生活費で賄うことが困難である費用	60万円以内
福祉資金	福祉費	生業を営む、技能習得、住宅の増改築、福祉用具等の購入、負傷・疾病の療養、介護・障害者サービス等を受ける、災害を受けた、冠婚葬祭、住居移転等のために必要な経費	580万円以内（資金の用途に応じて上限負担額あり）
	緊急小口資金	緊急かつ一時的に生計の維持が困難となった場合に貸し付ける少額の費用	10万円以内
教育支援資金	教育支援費	低所得世帯者が高校、大学等に修学するために必要な経費	高校：月3.5万円以内 短大：月6万円以内 大学：月6.5万円以内
	就学支援費	低所得世帯者が高校、大学等への入学に際し必要な経費	50万円以内
不動産担保型生活資金	不動産担保型生活資金	低所得高齢者世帯に対し、一定の居住用不動産を担保に生活資金を貸し付ける資金	月30万円以内等
	要保護世帯向け不動産担保型生活資金	要保護高齢者世帯に対し、一定の居住用不動産を担保に生活資金を貸し付ける資金	生活扶助額の1.5倍以内等

※貸付対象世帯は、市町村民税非課税程度の低所得世帯、障害者世帯、高齢者世帯。都道府県社会福祉協議会が実施主体。窓口は、市町村社会福祉協議会

介護保険優先の公費負担医療との給付調整

　下の表の公費負担医療の給付と介護保険の給付が重なる場合は、**介護保険の給付（90％）が優先**し、利用者負担分に公費が適用されます。例えば、感染症法の公費負担医療を受ける場合、費用の90％が介護保険から給付され、残り10％のうち5％（介護保険から90％給付されているので、95−90＝5）が公費から給付されて、利用者は5％を負担することになります。
　また、複数の公費負担医療を受ける場合、下の表の項番に従って優先的に適用します。

項番	制度／介護保険の給付対象	資格証明等	公費給付率(%)	利用者負担
1	**感染症法「一般患者に対する医療」** 医療機関の（介護予防）短期入所療養介護、介護療養施設サービスの特定診療費、介護老人保健施設の（介護予防）短期入所療養介護、介護保健施設サービスの特別療養費	患者票	95	5％
2	**障害者総合支援法「通院医療」** （介護予防）訪問看護	受給者証	100	あり※
3	**障害者総合支援法「更生医療」** （介護予防）訪問看護、医療機関の（介護予防）訪問リハビリテーション、医療機関の（介護予防）通所リハビリテーション、介護療養施設サービス			
4	**原子爆弾被爆者援護法「一般疾病医療費の給付」** （介護予防）介護老人保健施設サービス含め医療系サービスの全て	被爆者手帳	100	なし
5	**難病法「特定医療」** （介護予防）訪問看護、医療機関の（介護予防）訪問リハビリテーション、（介護予防）居宅療養管理指導、介護療養施設サービス	受給者証	100	あり※
6	**被爆体験者精神影響等調査研究事業** （介護予防）訪問看護、（介護予防）訪問リハビリテーション、（介護予防）居宅療養管理指導、（介護予防）通所リハビリテーション、（介護予防）短期入所療養介護、介護保健施設サービス及び介護療養施設サービスの医療系サービスの全て	受給者証	100	なし
7	**特定疾患治療研究事業** （介護予防）訪問看護、医療機関の（介護予防）訪問リハビリテーション、（介護予防）居宅療養管理指導、介護療養施設サービス	受給者証	100	なし

項番	制度／介護保険の給付対象	資格証明等	公費給付率(%)	利用者負担
8	先天性血液凝固因子障害等治療研究事業	受給者証	100	あり※
	（介護予防）訪問看護、医療機関の（介護予防）訪問リハビリテーション、（介護予防）居宅療養管理指導、介護療養施設サービス			
9	水俣病総合対策	医療手帳、被害者手帳	100	なし
	（介護予防）介護老人保健施設サービス含め医療系サービスの全て（ただし、介護老人保健施設サービスにおいては所定疾患施設療養費等に限る）			
10	メチル水銀の健康影響に係る調査研究事業	医療手帳	100	なし
	（介護予防）介護老人保健施設サービス含め医療系サービスの全て（ただし、介護老人保健施設サービスにおいては所定疾患施設療養費等に限る）			
11	茨城県神栖町における有機ヒ素化合物による環境汚染及び健康被害に係る緊急措置事業			
	（介護予防）介護老人保健施設サービス含め医療系サービスの全て（ただし、介護老人保健施設サービスにおいては所定疾患施設療養費等に限る）			
12	石綿による健康被害の救済に関する法律	石綿健康被害医療手帳	100	なし
	（介護予防）介護老人保健施設サービス含め医療系サービスの全て（ただし、介護老人保健施設サービスにおいては所定疾患施設療養費等に限る）			
13	特別対策（障害者施策）「全額免除」	受給者証	100	なし
	訪問介護、夜間対応型訪問介護			
14	原爆被爆者の訪問介護利用者負担に対する助成事業	被爆者健康手帳	100	なし
	訪問介護			
15	原爆被爆者の介護保険等利用者負担に対する助成事業			
	介護福祉施設サービス、地域密着型介護老人福祉施設サービス、通所介護、（介護予防）短期入所生活介護、（介護予防）認知症対応型通所介護、（介護予防）小規模多機能型居宅介護、定期巡回・随時対応型訪問介護看護、看護小規模多機能型居宅介護			
16	中国残留邦人等の円滑な帰国の促進並びに永住帰国した中国残留邦人等及び配偶者の自立の支援に関する法律「介護支援給付」	介護券	100	あり※
	介護保険の給付対象と同じ			
17	生活保護法の「介護扶助」			
	介護保険の給付対象と同じ			

※公費給付率が100％にもかかわらず、利用者負担がある場合とは、制度上の一定の負担額がある場合

医薬の知識 高齢者の特徴

高齢者の身体の特徴

身体・精神・生活の状態の相互循環作用	身体	→精神	病気や障害を悩んで、うつ状態や心理的荒廃（こうはい）を引き起こす　　など
		→生活	運動機能の低下や身体的な障害から、友人と会ったり外出をしなくなる　　など
	精神	→生活	認知症により認知機能が低下し、介護が必要な生活になる　　など
		→身体	心身症になる。うつ状態のために身体を動かさなくなり、身体機能が低下する　など
	生活	→身体	閉じこもりにより身体機能の低下や生活不活発病を引き起こす。逆に、デイサービスに通所して身体機能が改善する　　など
		→精神	デイサービスなどを利用するようになり、うつ状態や認知機能が改善する　　など
様々な状態の機能の混在	加齢に伴ってすべての機能が低下するわけではない。個人差は大きいが、例えば視力など加齢の影響を受けやすい機能もあれば、嗅覚のように受けにくい機能もある。また、疾患による機能の低下などもある			
ホメオスタシスの低下	外部環境の変化にかかわらず身体の内部環境を一定に維持しようとするホメオスタシス（恒常性）が加齢とともに低下する			
「死」の受け入れ	配偶者や家族、身近な知人の死に触れる機会が増え、死が身近なもの、具体的なものとなっている。その一方で、逃れられない死に対して不安やおそれも感じている			

高齢者の疾患の特徴

全身状態の悪化・重症化	● 身体機能やホメオスタシス（恒常性）の低下から、全身状態が悪化しやすい ● 身体を維持する機能が衰えていることから、治療の反応が弱く、回復が遅い ● 治癒し安定しても障害を残しやすい ● 治療の効果がなく、死に至ることも少なくない
複数の疾患の合併	● 高齢になるほど複数の疾患を持っていることが多く、検査や薬剤の種類が多くなる。そのため、服用拒否や副作用の頻度が高くなる ● 疾患ごとに治療方法が異なり、完全で有効な治療が難しいことから、疾患が慢性化しやすい ● 生活習慣に由来する慢性疾患を有していることが多く、療養に時間がかかる
非典型的な症状	胸痛のない心筋梗塞、発熱やせき等の症状が乏しい肺炎など、疾患特有の症状が現れず、無症状の場合もよくある
精神症状が現れやすい	身体疾患の影響が、意識低下、せん妄、幻覚妄想状態、認知能力の低下、うつ状態、認知症などの精神状態に現れやすい
薬剤の副作用	複数の疾患を患い服用する薬剤が多くなると、余分な薬剤が排泄されず体内に蓄積して、副作用が起こりやすくなる
環境の影響	● 慢性疾患の場合、普段の生活の場である地域社会や家族、住環境などが身体状態に大きく影響する ● 専門的な療養のために病院や施設に入院・入所した場合、自ら動くことが少なくなり、ADL（日常生活動作）やQOL（生活の質）が低下することが少なくない

加齢による身体的・精神的変化

【身体的変化】

脳・神経	●手足の末梢神経は刺激の伝達速度が低下するため、運動機能や感覚機能の低下につながる ●大脳の委縮が多くの高齢者にみられる ●認知機能・記憶力の低下が目立つ
循環器	●心臓の収縮力が低下し、運動に見合ったポンプ機能が十分に働かなくなるため、運動時に息切れしやすい ●心房細動、徐脈等の不整脈も多くなる ●心臓の冠動脈、脳動脈、下肢の動脈等に動脈硬化の進行があるため、心筋梗塞、脳梗塞、閉塞性動脈硬化症等の疾患が出やすくなる ●動脈の血管が硬くなり、高血圧になりやすい
呼吸器	●肺の弾力性が低下し、胸郭の運動が制限されるため、換気機能が低下する ●息を吐き出した後に肺に残る空気量が増えるため、運動時に息切れしやすくなる ●気管支の表面にある線毛の運動が低下するため、痰や異物を排出したり、異物を吐き出すためにせきをするという反射も低下する ●嚥下機能が低下するため、誤嚥性肺炎を起こしやすい
消化器・内分泌	●唾液の分泌が少なくなる ●蠕動運動が低下するため、便秘になりやすい ●膵臓からのインスリン分泌が低下し、血液中のブドウ糖が上昇傾向になり、糖尿病になることがある ●腸からのカルシウム吸収力が低下する

腎・泌尿器	● 夜間に尿の量が増える ● 体内に水分を溜める働きが低下するため、脱水を起こしやすい ● 腎機能が低下すると腎臓からの薬の排出が悪くなり、薬の副作用が出やすくなる ● 男性：前立腺が肥大し、尿道を狭くしたりふさいだりすることがある ● 女性：尿道が短く、骨盤底筋の筋力低下もあるため、尿失禁が多くなる
眼	● 視力障害を起こしやすく、特に白内障になりやすい。緑内障になることも少なくない
口腔	● 唾液量が減り粘り気が強くなるため、咀嚼に影響する ● 歯の摩耗と変形、偏位、歯の欠損がみられる
運動器	● 中枢神経系、末梢神経系、感覚器系、骨関節筋肉系の機能が低下するため、運動機能も低下する ● 瞬発性や機敏性を必要とする運動機能の低下が目立つ ● 転倒しやすく骨折を起こしやすい
皮膚	● 新陳代謝・皮脂腺の機能が衰えるため、皮膚が乾燥し、外からの刺激を受けやすい ● 汗腺の減少により、体温調整機能が低下する ● 皮膚感染症を起こしやすくなる

【精神的変化】

認知機能	● 加齢に伴い記憶力が低下する
性格	● 「粘着質」「自己中心的」「非妥協的」傾向になることが多い ● 環境の変化に適応しにくいため、「頑固」になりやすい
感情	● 抑うつ的になったり、感情の起伏が激しくなったり、感情が乏しくなる傾向もみられる

医薬の知識 薬との付き合い方

知っておきたい薬の問題

薬には、次のような問題があることを知っておきましょう。

① 薬の保管・管理には注意が必要
薬は、光や温度、湿度の影響を受けて変質することがあるので、保管・管理には注意が必要。 ➡P174

② 薬には相性がある
薬同士だけではなく、薬とサプリメント・健康食品との間にも相性が悪いものもある。

NGの場合もある

③ 重複投与は危険
薬の名前や形が違っても、成分や効き方が同じ薬がある。複数の医療機関から薬をもらっている場合には注意が必要。

④ 薬の誤服用・誤使用は危険
誤った飲み方や使い方をすると、効果が出ないばかりか、思わぬ事故につながることがある。

⑤ 薬の飲み込みが難しい
高齢になると嚥下機能が低下し、うまく飲み込めない場合がある。

⑥ 高齢者は副作用が起きやすい
加齢による生理機能の低下から薬の成分が長く体内に残りやすく、若い人に比べて副作用が起きやすい。 ➡P175

⑦ 薬はADLに影響を与えることがある
薬は、食事・排泄・睡眠・運動といった日常生活動作に好ましくない影響を与えることがある。

薬の問題に気付き、解決するためのポイント

薬の問題に気付き、その問題を解決するためには、次のようなポイントに注意しましょう。

Point 1　利用者を日頃から観察する

薬の問題に気付くことが第一歩となるので、日頃から利用者の観察を怠らない。➡P164〜168

Point 2　薬の問題は速やかに対処する

薬の問題に気が付いたら放置せずに、速やかに医師・薬剤師に相談し、対応を検討する。➡P169

Point 3　薬の問題を一人で解決しようとしない

医師や薬剤師などの専門家に相談しながら問題解決を図る。そのためには、日頃から相談できる薬局を作っておくとよい。
必要があれば、サービス担当者会議にも積極的に参加を呼びかける。

服薬管理のアセスメントの流れとポイント

　服薬管理のアセスメントのためのチェックシート・連携シート（➡P166～169）は、ケアマネジャーが薬に関連した利用者の課題を抽出するためのツールです。
　以下に、チェックシートを使った医師・薬剤師と連携の流れを示します。

ステップ 1

●**ケアマネジャーによる問題発見のための事前チェックの実施**

薬の問題を発見するために166ページ～168ページの事前チェックシートを使い、次の **Ⅰ**～**Ⅲ** の項目をチェックして、かかりつけの医師・薬局へ情報を提供します。

※ここではケアマネジャーが知り得るであろう範囲の情報にとどめています。

Ⅰ 服薬について

まず、服薬の状況や、お薬手帳を持っているかどうかなどの基本的事項をチェックする。

Ⅱ 薬の管理と服用について

薬の管理は誰が行っているのか、また、医師等の指示通りに服用できているかなどについてチェックする。

Ⅲ 身体状況について

利用者の身体状況（ADL）についてチェックする。
服薬中の薬が利用者のADLに影響を及ぼす可能性を探るためのチェック。

ステップ2

● **かかりつけ医師・薬局の薬剤師によるアドバイス**

高齢者の医療は薬物療法が主体となる。
薬物療法を行う中で起こる様々な薬に関連する課題の抽出は、医師や薬剤師と協働で行うとよい。
Ⅰ～Ⅲ の情報をもとに、医師・薬剤師はケアマネジャーにアドバイスする。

ステップ3

● **ケアプランへの反映**

ケアマネジャーは医師・薬剤師からのアドバイスを受けて、利用者の薬の管理や日常生活に関連する課題を解決・防止するためにケアプランへの反映を検討する。
ケアプランに反映された内容は、医師・薬剤師と共有する。

ステップ4

● **モニタリング**

ステップ3で反映されたケアプランに沿って利用者の薬に関連した課題を継続的にモニタリングする。

服薬管理のアセスメント

● 事前チェックシート ●

平成　　年　　月　　日

事業所名：

担当ケアマネジャー：

利用者氏名：　　　　　　　　　年齢：　　歳　　性別：男・女

疾患名：

生活状況：独居・同居・その他（　　　　　　　　　　　　）

Ⅰ 服薬について

※該当する項目に○印

1 薬を服用している	はい　いいえ
2 お薬手帳を持っていますか	はい　いいえ
3 2か所以上の医療機関から薬をもらっていますか	はい　いいえ
4 薬のアレルギーはありますか	はい　いいえ
5 （数か所の医療機関を受診している場合） 　主治医に服薬状況を伝えていますか	はい　いいえ
6 サプリメントを服用していますか	はい　いいえ
7 睡眠薬や精神安定剤を服用していますか	はい　いいえ

資料編　医薬の知識

薬との付き合い方／服薬管理のアセスメント（事前チェックシート）

8 薬やサプリメントの飲み合わせをかかりつけ医師・薬局の薬剤師に相談していますか	はい　いいえ
9 残っている薬はありますか	はい　いいえ
10 服用している薬の名前と飲み方を記載してください	

II 薬の管理と服用について

※該当する項目に○印

1 薬の管理は誰が行っていますか	本人　家族　その他（　　　）
2 薬は指示通りの方法で服用できていますか	はい　いいえ

2で「いいえ」と答えた方へ
　①薬を飲めない原因は何にあると思いますか
　　・飲み込めない　・服薬拒否　・飲み忘れる
　　・服薬確認ができていない　・飲み込みにくい
　　・その他（　　　　　　　　　　　　）
　②薬を飲まなければならない理由を本人、家族は理解していますか　　　　　　　　　　　　　はい　いいえ

3 薬について疑問を抱くまたは服用に不安を感じたことがありますか	はい　いいえ
4 薬に関して相談できる相手がいますか	はい　いいえ

Ⅲ 身体状況について

※該当する項目に〇印

食　事	●食欲がない　　　●口が渇く　　　●口が苦い ●胃が痛む　　　　●むせこむ ●味がよくわからない
排　泄	●便秘気味で便が固い　　　　　●下痢が続く ●前立腺肥大の疾患がある　　　●尿量の減少 ●尿の色が通常より濃い 　（具体的に：　　　色） ●夜間の尿の回数が多い　　　　●残尿感がある
睡　眠	●昼夜逆転がみられる ●寝つきが悪い　　●興奮して眠れない ●昼間、強い眠気を感じる
運　動	●手先が震える　　●力が入らない ●脱力感がある　　●だるい　　　　●つまずく ●転倒しやすい　　●ふらつく

※日頃、何気なく服用している薬が身体に大きな影響を与えていることがあります。気になることは、かかりつけ医師・薬局の薬剤師に相談してみましょう。

●かかりつけ医師・薬局・薬剤師 連携シート●

平成　　年　　月　　日

_____様

「事前チェックシート」を送付します。以下の「ケアマネジャーから見た薬の問題」や、「事前チェックシート」からわかる服薬管理上、注意すべきことがありましたら、アドバイスをお願いします。

ケアマネジャーから見た薬の問題　　　　　　ある　　なし

↓

医師・薬剤師からのアドバイス　　　平成　年　月　日

返送先：FAX　　　　　　　担当ケアマネ　　　　　　宛

居宅介護支援事業所：

住所／TEL：

居宅介護支援事業所使用欄

ケアマネジャーの気付き・ケアプランへの反映　平成　年　月　日

薬のADLに与える影響

168ページで紹介した服薬管理のアセスメントのための「事前チェックシート Ⅲ 身体状況について」の具体的な内容を、以下で説明します。

食　事

食欲の有無、味覚や摂食・嚥下機能の障害は、薬の副作用の場合もあります。

✓ ここをチェック！ （質問例）

☐ 食欲はあるか
☐ おいしく食べているか
☐ 飲み込みづらい、むせこむことはあるか

＜症状と症状を引き起こす可能性のある薬＞

※一般的に高齢者の服薬に多く見られる症状の一例です。必ず医師の指示・判断を仰ぎましょう。

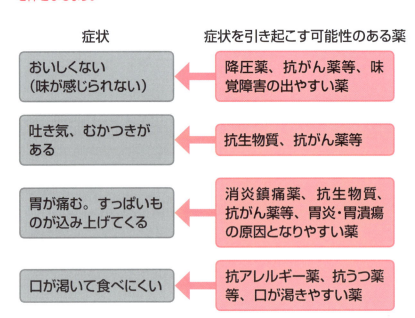

排泄

頻尿や尿失禁は相談することを控える人が多いため、周囲の気付きが重要です。

✓ ここをチェック！（質問例）

□ 尿の色は　　　　　　□ 便の状態
□ トイレの回数は（日中・夜間）

＜症状と症状を引き起こす可能性のある薬＞

※一般的に高齢者の服薬に多く見られる症状の一例です。必ず医師の指示・判断を仰ぎましょう。

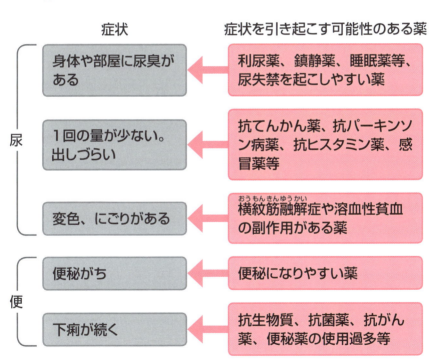

	症状	症状を引き起こす可能性のある薬
尿	身体や部屋に尿臭がある	利尿薬、鎮静薬、睡眠薬等、尿失禁を起こしやすい薬
	1回の量が少ない。出しづらい	抗てんかん薬、抗パーキンソン病薬、抗ヒスタミン薬、感冒薬等
	変色、にごりがある	横紋筋融解症（おうもんきんゆうかい）や溶血性貧血の副作用がある薬
便	便秘がち	便秘になりやすい薬
	下痢が続く	抗生物質、抗菌薬、抗がん薬、便秘薬の使用過多等

睡　眠

　不眠の治療は、不眠のタイプに合わせた適切な薬の選択が欠かせませんが、薬による不眠の可能性も考えておく必要があります。

✔ ここをチェック！（質問例）

- ☐ よく眠れているか
- ☐ 熟睡できているか
- ☐ 日中眠いか

＜症状と症状を引き起こす可能性のある薬＞

※一般的に高齢者の服薬に多く見られる症状の一例です。必ず医師の指示・判断を仰ぎましょう。

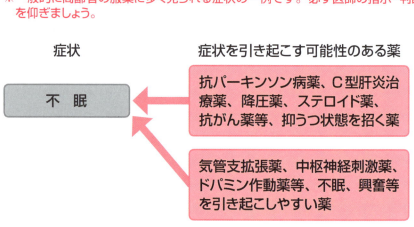

運動

　立ち座り、歩くなど、基本的な日常生活動作を低下させる薬の副作用を把握しておくことは非常に重要なことです。特に転倒につながる副作用はこまめにチェックしておくことが求められます。

✔ ここをチェック！（質問例）

- ☐ ふらついて転倒しそうになったことはないか
- ☐ 震えはないか
- ☐ 歩きにくさはないか
- ☐ 力が入らないことはないか
- ☐ 動作がゆっくりになっていないか

＜症状と症状を引き起こす可能性のある薬＞

※一般的に高齢者の服薬に多く見られる症状の一例です。必ず医師の指示・判断を仰ぎましょう。

症状	症状を引き起こす可能性のある薬
めまいがある、ふらつく、立ちくらみがする、転倒する	降圧薬、睡眠薬、抗不安薬、抗うつ薬等、起立性低血圧、めまい、ふらつき、けいれん、脱力感、筋力低下等を起こしやすい薬
全身倦怠感	抗がん薬、抗リウマチ薬、総合感冒薬、非ステロイド性消炎鎮痛薬等、間質性肺炎、全身性エリテマトーデス等の副作用を起こす薬
手足の震え	チアプリド塩酸塩、スルピリド等、薬剤性パーキンソニズムを起こす薬

薬の保管・管理上のルール

保管条件	保管・管理上の注意点とチェックポイント
光	薬には光（太陽や蛍光灯の光等）で成分が分解されてしまうものがあるので、そのような薬は遮光して保存する。 ✔ **ここをチェック！** ☐ 直射日光があたっていないか（西日にも注意）
温度	薬は高温で成分が分解されてしまうものがあるので、高温になる場所には保管しない。 ✔ **ここをチェック！** ☐ 薬を管理する場所は、おおむね30℃以下に保たれているか ☐ 冷所（1〜15℃）保存の薬は、冷所で保管されているか ☐ インスリンは凍らせていないか
湿度	薬は湿気にも弱く、水分を吸収してしまうとカビが生えたり、違う成分に変化してしまったりするので、湿気の多い場所は避ける。 ✔ **ここをチェック！** ☐ 湿気を防ぐ工夫（乾燥剤の入った缶に入れたり、入口を閉じることのできるビニール袋に入れるなど）をしているか

知っ得！コラム

薬の副作用には大きく2つある

薬の副作用には、次のように予測可能なものと予測困難なものがあります。

＜予測可能な副作用の代表例＞

- 降圧薬によるふらつきやめまい
- 糖尿病治療薬による低血糖
- 抗アレルギー薬や風邪薬による眠気
- ある種の薬（テオフィリン、ジギタリス等）の体内濃度が上昇して起こる中毒
  嘔吐（おうと）や腹痛、低血圧、けいれん、不整脈、視覚異常、振戦（しんせん）、下痢、頭痛等

＜予測困難な副作用の代表例＞

- 薬に対するアレルギー反応・過敏反応
  抗菌薬、解熱鎮痛薬、抗けいれん薬等による、発疹、高熱、目の充血、呼吸困難、唇のびらん等
  このような副作用が現れたときは、速やかに医師、薬剤師に連絡しましょう。

医薬の知識 疾患の概要と薬の知識

脳・神経

パーキンソン病

ドパミンの不足により、脳が出す指令がうまく伝わらず、スムーズに身体を動かすことができなくなる。手の震え、筋肉のこわばり、動作が鈍い、倒れやすい、うつ状態や自律神経症状等が出現する。

薬の基礎知識

※薬の名前の表記。**太字**：一般名／商：商品名

レボドパ・ベンセラジド塩酸塩 商 ネオドパゾール配合 **レボドパ・カルビドパ** 商 ネオドパストン配合	**効き方** ドパミンを補う **副作用** 不随意運動、吐き気、嘔吐、食欲不振等 **注意点** 長期間の常用で突発的睡眠や注意力の低下等が起こることがある
カベルゴリン 商 カバサール **プラミペキソール塩酸塩** 商 ビ・シフロール **ペルゴリドメシル酸塩** 商 ペルマックス **ロピニロール塩酸塩** 商 レキップ	**効き方** 震えやこわばりを改善する **副作用** 幻覚、めまい、ふらつき、吐き気、嘔吐、消化不良等 **注意点** 高血圧治療薬と併用すると、降圧作用が強くなる場合がある
セレギリン塩酸塩 商 エフピーOD	**効き方** ドパミンの量を増やす **副作用** 幻覚、不随意運動、吐き気、食欲不振等 **注意点** 高齢者では起立性低血圧を起こしやすい
エンタカポン 商 コムタン	**効き方** 症状の日内変動を改善させる **副作用** 傾眠、幻覚、不眠症、便秘、吐き気等 **注意点** 過度の降圧は好ましくないため、高齢者には慎重に投与する

資料編　医薬の知識　脳・神経　パーキンソン病

トリヘキシフェニジル塩酸塩 商 アーテン **ビペリデン塩酸塩** 商 アキネトン	効き方	手の震えや筋肉のこわばり等に有効
	副作用	吐き気、嘔吐、食欲不振、発疹(ほっしん)等
	注意点	投与は少量から開始し、観察を十分に行い、慎重に増量する
アマンタジン塩酸塩 商 シンメトレル **ドロキシドパ** 商 ドプス	効き方	ドパミンやノルアドレナリンの量を増やす
	副作用	頭痛・頭重、神経過敏、不随意運動、吐き気、嘔吐、口渇(こうかつ)等
	注意点	急な中止や過量投与には注意が必要

知っ得!コラム 一般名処方と商品名処方はどう違う?

　一般名処方とは、薬の名前が薬の成分名をもとにした一般名で記載された処方で、商品名処方とは、製薬会社が付けた商品名で記載された処方のことです。処方箋には、次のように記載されます。

> 例　一般名処方の場合：【般】ファモチジン錠20mg
> 　　商品名処方の場合：ガスター錠20mg

　これまで日本では商品名処方が中心でしたが、ジェネリック医薬品（後発品）の使用推進を図るため、一般名処方に切り替わりつつあります。
　処方箋に一般名で記載されることで、患者さんが薬局で「先発品」か「ジェネリック医薬品」かを自由に選ぶことができるメリットがあります。
　なお、病院側にも一般名処方をすれば、処方箋発行料に加算が認められるという利点があります。

脳血管障害

脳梗塞(こうそく)、脳出血、クモ膜(まく)下出血等の疾患がある。主な症状は、意識障害、運動障害、知覚障害、言語障害等。出血量が多い場合は急激に昏睡に陥り、死亡することもある。

薬の基礎知識

※薬の名前の表記。**太字**：一般名／商：商品名

ダビガトランエテキシラートメタンスルホン酸塩 商 プラザキサ **ワルファリンカリウム** 商 ワーファリン	**効き方** 血管内での血栓を防ぐ **副作用** 皮下出血、発疹(ほっしん)、吐き気、嘔吐(おうと)等 **注意点** 血友病等の血液凝固障害や出血の可能性のある方は服薬できない
アスピリン腸溶 商 バイアスピリン **チクロピジン塩酸塩** 商 パナルジン **クロピドグレル硫酸塩** 商 プラビックス **シロスタゾール** 商 プレタール	**効き方** 血液を固まりにくくし、脳の血管が詰まるのを防ぐ **副作用** 嘔吐、下痢、発疹、頭痛、めまい、肝機能の悪化等 **注意点** 出血傾向や肝障害のある場合には、慎重に投与する
ニセルゴリン 商 サアミオン **イフェンプロジル酒石酸塩** 商 セロクラール	**効き方** 脳の血流を増やし、エネルギー代謝等をよくすることで、脳の働きをよくする **副作用** 口渇(こうかつ)、吐き気、食欲不振、頭痛、めまい等 **注意点** 血小板の働きを抑える薬との併用で出血しやすくなることがある

飲み残し・飲み忘れを発見したら？

●薬をしばらく飲んでいなかったとき

飲んでいなかった薬を急に服用し始めると、例えば血圧の薬では急激に血圧が下がり過ぎたり、糖尿病の薬では低血糖状態になってしまう等、薬が効き過ぎてしまうことがあります。服薬を促す前に、まずは医師や薬剤師に相談をしましょう。

●薬を飲み忘れたとき

注意すべき薬もありますが、基本的には、気が付いた時点で服用してかまいません。ただ、次の服用は、その薬の性質に合わせて時間をあけましょう（**目安：1日3回服用の薬は4時間以上、1日2回服用の薬は6時間以上あける**）。

また、例えば、1日3回服用する薬を朝飲み忘れて昼近くに気付いた場合は、1回（朝の分）抜いて次回分から服用しましょう。2回分の薬を一度に服用すると、薬の血中濃度が一気に上がり作用が強く出てしまう危険があるため、まとめ飲みは絶対に避けましょう。

1日3回服用の場合で、朝飲み忘れて昼前に気付いた場合

朝の分は飲まないで、昼の分から服用する

薬を飲む時間

食直前	食事のすぐ前	食直後	食事のすぐ後
食　前	食事の約30分前	食　後	食事の約30分後
食　間	食事の約2時間後	就寝前	寝る約30分前

うつ病

脳内の神経伝達物質が関与している場合やストレスから発症する場合等がある。症状は、①憂鬱になる、②仕事がはかどらない等、思考や行動が緩慢になる、③倦怠感、食欲低下、頭重感、④不眠等。

薬の基礎知識

※薬の名前の表記。**太字**：一般名／商：商品名

塩酸セルトラリン 商 ジェイゾロフト **フルボキサミンマレイン酸塩** 商 デプロメール **パロキセチン塩酸塩** 商 パキシル **フルボキサミンマレイン酸塩** 商 ルボックス	効き方	不安感等を和らげ、気持ちを楽にさせる
	副作用	吐き気、口渇、便秘、眠気、めまい、頭痛等
	注意点	服薬を中止する場合には徐々に減量する等慎重に行う
ミルナシプラン塩酸塩 商 トレドミン	効き方	不安感を和らげる
	副作用	吐き気、嘔吐、動悸、眠気、めまい、発疹、口渇、便秘等
	注意点	尿が出にくい場合は、症状を悪化させるおそれがある
アモキサピン 商 アモキサン **イミプラミン塩酸塩** 商 トフラニール **アミトリプチリン塩酸塩** 商 トリプタノール **ノルトリプチリン塩酸塩** 商 ノリトレン	効き方	神経の働きをよくすることで、気分を前向きにさせる
	副作用	口渇、便秘、眠気、めまい、尿が出にくい、パーキンソン症状等
	注意点	パーキンソン病の治療に用いられるセレギリン塩酸塩との併用は避ける

資料編　医薬の知識

脳・神経

うつ病

セチプチリンマレイン酸塩 商 テシプール **ミアンセリン塩酸塩** 商 テトラミド **マプロチリン塩酸塩** 商 ルジオミール	**効き方**	神経伝達物質のノルアドレナリンの量を増やすことで神経の働きをよくする
	副作用	発疹、口渇、吐き気、食欲不振、便秘、眠気、めまい、頭痛等
	注意点	高齢者の場合、副作用が出やすい傾向がある
ミルタザピン 商 リフレックス	**効き方**	気分を前向きにさせる
	副作用	眠気、めまい、頭痛、口渇、便秘、肝機能の悪化、体重増加等
	注意点	就寝前に服用することが望ましい

知っ得！コラム

傾聴と共感が、うつ病ケアのポイント

　うつ病の治療は、薬物療法と精神療法を組み合わせて行われます。
　精神療法として最も基本的で有効なものは、訴えを傾聴（けいちょう）・共感しながら対応することです。激励は、自分のことを理解していないと受け取られ、いっそううつ状態に追いやることになりかねません。また、支援する側もその結果を求めて焦ってしまいがちですが、焦らず利用者のペースに合わせた支援を行っていくことも大切です。
　傾聴と共感から信頼関係が生まれ、抑圧的で否定的な思考が少なくなっていきます。
　なお、難しい支援となるため、支援する側の精神衛生を図ることも大切です。

認知症

原因には、脳血管障害、アルツハイマー病やレビー小体病、正常圧水頭症、うつ病等が考えられる。記憶障害、判断力の低下、見当識障害等が中核症状だが、周辺症状として、せん妄（もう）、幻覚、徘徊（はいかい）、異食等が現れることもある。

薬の基礎知識

※薬の名前の表記。**太字**：一般名／商：商品名

ドネペジル塩酸塩 商 アリセプト **メマンチン塩酸塩** 商 メマリー **リバスチグミン** 商 リバスタッチ **ガランタミン臭化水素酸塩** 商 レミニール	**効き方** 脳内の神経伝達物質に作用して、アルツハイマー病の症状を軽くする **副作用** 発疹（ほっしん）、めまい、頭痛、食欲不振、肝機能の悪化、貧血等 **注意点** 病気そのものの進行を遅らせることはできない
抑肝散（よくかんさん） 商 ツムラ抑肝散 **抑肝散加陳皮半夏**（よくかんさんかちんぴはんげ） 商 クラシエ抑肝散加陳皮半夏	**効き方** イライラ感や不眠等を緩和させる **副作用** むくみ、血圧の上昇、食欲不振等 **注意点** 高血圧や浮腫（ふしゅ）、低カリウム血症等の症状が現れることがある
アリピプラゾール 商 エビリファイ **オランザピン** 商 ジプレキサ **クエチアピン** 商 セロクエル **リスペリドン** 商 リスパダール	**効き方** 気分が落ち着かない、気持ちが沈むといった精神状態や躁（そう）状態を改善 **副作用** 眠気、不眠、不安、めまい、手足の震え、肝機能の悪化等 **注意点** 服薬量が増えると、手足の震えといったパーキンソン病に似た症状が出る場合がある

特定疾病とは？

知っ得！コラム

　介護保険の第2号被保険者は、40歳以上65歳未満で、特定疾病が原因で介護が必要になった方です。この特定疾病とは、老化が原因とされる下記の16の疾病を指します。

- がん末期
- 関節リウマチ ➡P210
- 筋萎縮性側索硬化症（ALS）
- 初老期における認知症 ➡P182
- 脳血管疾患
- 多系統萎縮症（シャイ・ドレガー症候群、オリーブ橋小脳萎縮症、線条体黒質変性症）
- 慢性閉塞性肺疾患（慢性気管支炎、肺気腫、気管支喘息、びまん性汎細気管支炎）➡P192
- 進行性核上性麻痺、大脳皮質基底核変性症およびパーキンソン病 ➡P176
- 後縦靱帯骨化症
- 骨折を伴う骨粗鬆症 ➡P208
- 早老症
- 脊髄小脳変性症
- 脊柱管狭窄症
- 閉塞性動脈硬化症
- 糖尿病性神経障害、糖尿病性腎症および糖尿病性網膜症
- 両側の膝関節または股関節に著しい変形を伴う変形性関節症 ➡P210

高血圧

血圧が収縮期140mmHg以上、拡張期90mmHg以上が続く状態である。高血圧は、脳血管障害、心筋梗塞、閉塞性動脈硬化症等、全身の血管に関係した臓器に影響する。

薬の基礎知識

※薬の名前の表記。**太字**：一般名／商：商品名

テモカプリル塩酸塩 商 エースコール **ペリンドプリルエルブミン** 商 コバシル **イミダプリル塩酸塩** 商 タナトリル **エナラプリルマレイン酸塩** 商 レニベース	**効き方** 血管を広げ、血圧を低下させる物質を活性化する
	副作用 せき、血圧の低下、めまい、頭痛、発疹、かゆみ、肝・腎機能の悪化等
	注意点 腎機能疾患のある方の場合、さらに病状を悪化させる傾向がある
オルメサルタンメドキソミル 商 オルメテック **バルサルタン** 商 ディオバン **カンデサルタンシレキセチル** 商 ブロプレス **テルミサルタン** 商 ミカルディス	**効き方** 血管を拡張させることで血圧を下げる
	副作用 めまい、頭痛、発疹、かゆみ、倦怠感、せき、肝・腎機能の悪化等
	注意点 薬が効き過ぎて、まれにめまいや失神を起こす場合がある

資料編　医薬の知識

循環器

高血圧

ニフェジピン 商 アダラート **シルニジピン** 商 アテレック **アゼルニジピン** 商 カルブロック **アムロジピンベシル酸塩** 商 ノルバスク	効き方	血管を広げて血圧を下げる
	副作用	顔のほてり、潮紅、頭痛、動悸、めまい、発疹、倦怠感、肝・腎機能の悪化等
	注意点	過度の血圧低下によって、一過性の意識消失等のおそれもある
スピロノラクトン 商 アルダクトンA **トリクロルメチアジド** 商 フルイトラン **フロセミド** 商 ラシックス **トラセミド** 商 ルプラック	効き方	血圧の上昇を防ぐために、尿の出をよくする
	副作用	倦怠感、めまい、頭痛、口渇、食欲不振、吐き気、嘔吐等
	注意点	めまい、ふらつきが現れる場合があるので、注意する
プロプラノロール塩酸塩 商 インデラル **メトプロロール酒石酸塩** 商 セロケン **アテノロール** 商 テノーミン **ビソプロロールフマル酸塩** 商 メインテート	効き方	心臓の心拍数を減らし、血圧を下げる
	副作用	倦怠感、めまい、頭痛、低血圧、肝機能の悪化、発疹等
	注意点	高度の徐脈や心不全のある方は服用できないものが多い
ウラピジル徐放 商 エブランチル **ドキサゾシンメシル酸塩** 商 カルデナリン **ブナゾシン塩酸塩** 商 デタントール **プラゾシン塩酸塩** 商 ミニプレス	効き方	末梢血管を拡張させることにより血圧を下げる
	副作用	倦怠感、めまい、頭痛・頭重、立ちくらみ、動悸、低血圧等
	注意点	肝臓の働きが悪い方の服用には注意が必要

カンデサルタンシレキセチル・ヒドロクロロチアジド配合剤 商 エカード配合 **バルサルタン・ヒドロクロロチアジド配合剤** 商 コディオ配合 **ロサルタンカリウム・ヒドロクロロチアジド配合剤** 商 プレミネント配合 **テルミサルタン・ヒドロクロロチアジド配合剤** 商 ミコンビ配合	**効き方** 高い降圧効果が期待できる
	副作用 倦怠感、めまい、頭痛、肝・腎機能の悪化、吐き気、貧血、立ちくらみ等
	注意点 血圧が下がり過ぎるとめまいや立ちくらみを起こす場合がある
バルサルタン・アムロジピンベシル酸塩配合剤 商 エックスフォージ配合 **テルミサルタン・アムロジピンベシル酸塩配合剤** 商 ミカムロ配合 **カンデサルタンシレキセチル・アムロジピンベシル酸塩配合剤** 商 ユニシア配合 **オルメサルタンメドキソミル・アゼルニジピン配合剤** 商 レザルタス配合	**効き方** 血圧上昇因子と動脈の血管壁に働きかけて、血管を広げて血圧を下げる
	副作用 発疹、倦怠感、めまい、下痢、腹痛、腹部膨満感、肝機能の悪化等
	注意点 利尿作用があるため、夏季等体内の水分が減少しがちな時期の服用には注意が必要
エプレレノン 商 セララ	**効き方** 体内の余分な水分を塩分とともに尿で排出することによって、血圧を下げる
	副作用 頭痛、めまい、倦怠感、吐き気、消化不良、頻尿、筋肉のけいれん、発疹等
	注意点 飲み合わせに注意が必要な場合が多い。めまいやふらつきに注意する

アリスキレンフマル酸塩 商 ラジレス	**効き方** レニンという酵素を抑えることで、降圧効果を発揮する
	副作用 めまい、ふらつき、頭痛、腎機能の低下、下痢、発疹等
	注意点 腎臓に持病があったり、血液透析や減塩療法を行っている場合は、服用できないことがある

知っ得!コラム

高齢者の高血圧治療基準は、少し高め

　高血圧とは、通常、常に収縮期血圧（最高血圧）が140mmHg以上および拡張期血圧（最低血圧）が90mmHg以上の状態をいいますが、これは若年者を対象とした基準で、必ずしも高齢者を対象としたものではありません。

　高齢者といっても65歳の方もいれば70代、80代、90代、さらには100歳を超えた方もいるため、一概に基準を決めることはできませんが、日本高血圧学会のガイドラインでは、以下のような基準を設けています。

　治療目標とする血圧は（最高/最低）140/90mmHg未満ですが、75歳以上で最高血圧が160mmHg以上の場合は、150/90mmHg未満とするとしています。

　高血圧治療の目的は、血圧を下げることにあるのではなく、高血圧に伴う脳血管障害や循環器系疾患の発症を防ぐことにあるため、年齢以外にも、糖尿病や腎不全などの併発している病気に配慮して、個別的に判断することが勧められています。

心不全

心臓のポンプ機能が低下して、全身に血液を十分に供給することができなくなるのが心不全である。原因としては、心筋梗塞、高血圧、心臓弁膜症が多く、過剰な補液、薬の副作用が原因の場合もある。最も多い症状は浮腫で両下肢に現れるが、重度になると上肢・顔にも現れる。軽度の場合は、動くと呼吸困難が現れる。

薬の基礎知識

※薬の名前の表記。**太字**：一般名／商：商品名

エナラプリルマレイン酸塩 商レニベース **リシノプリル** 商ロンゲス	効き方	血管を広げて血流をよくすることで、心臓の負担を軽くする
	副作用	貧血、めまい、低血圧、のどの不快感、肝・腎機能の悪化等
	注意点	高カリウム血症、重篤な腎機能障害、脳血管障害のある方には、慎重な投与が必要
ジゴキシン 商ジゴキシン **メチルジゴキシン** 商ラニラピッド	効き方	脈をゆったりさせる。利尿作用もある
	副作用	食欲不振、吐き気、嘔吐、下痢、視覚異常等
	注意点	電解質異常、腎疾患、甲状腺機能障害のある方等には、慎重な投与が必要
デノパミン 商カルグート **dl-イソプレナリン塩酸塩徐放** 商プロタノールS	効き方	心臓の機能を改善
	副作用	頭痛、不整脈、頻脈、動悸、嘔吐等
	注意点	不整脈を生ずることがある
ピモベンダン 商アカルディ	効き方	ほかの薬で効果が得られない場合に用いられる
	副作用	動悸、頻脈、低血圧、心房細動、心房粗動、貧血、腹痛、吐き気、嘔吐、頭痛等
	注意点	重篤な不整脈、脳血管障害、肝・腎障害のある方には慎重な投与が必要

スピロノラクトン 商 アルダクトンA **トリクロルメチアジド** 商 フルイトラン **フロセミド** 商 ラシックス	**効き方**	体内の血液量を減少させ、心臓の負担を減らす
	副作用	発疹、食欲不振、吐き気、嘔吐、口渇、下痢、めまい、頭痛、倦怠感、筋けいれん
	注意点	高齢者では急激な利尿は、脱水、立ちくらみ等を起こすことがあるので、注意が必要
ユビデカレノン 商 ノイキノン	**効き方**	心筋の代謝を改善し心筋の収縮力を強めることで、心不全の症状を改善する
	副作用	胃部不快感、食欲減退、吐き気、下痢、発疹
	注意点	強い副作用はなく、比較的安心して服用できる

知っ得!コラム 心不全患者にとって、嗜好品は大敵!

心不全の病状が悪化した場合、その陰には生活習慣があります。ストレスの原因となる不眠や疲労のほか、喫煙や飲酒、コーヒーなどの嗜好品の摂取が悪影響を及ぼしている場合があります。心不全の利用者にこれらの生活習慣がある場合には、見直すように提案しましょう。

不整脈

心臓の拍動が速くなったり遅くなったりして不規則になる状態である。自律神経系・内分泌系の異常や、心臓の加齢による変化、動脈硬化等が原因のため高齢者に多くみられる。脈が1分間に40回未満になる徐脈(じょみゃく)では意識を失うことがある。

薬の基礎知識

※薬の名前の表記。**太字**：一般名／商：商品名

プロカインアミド塩酸塩 商 アミサリン **シベンゾリンコハク酸塩** 商 シベノール **ピルメノール塩酸塩** 商 ピメノール **ジソピラミド** 商 リスモダン	**効き方** 脈のリズムを整える。様々な原因による不整脈に用いられる **副作用** 発疹、頭痛(ほっしん)、口渇(こうかつ)、便秘、胃部不快感、排尿障害等 **注意点** 疾患とは別の不整脈を誘発する場合がある
アプリンジン塩酸塩 商 アスペノン **メキシレチン塩酸塩** 商 メキシチール	**効き方** 心臓の興奮を沈めて規則的な脈にする **副作用** 動悸(どうき)、めまい、手の震え、しびれ感、吐き気、食欲不振、口渇等 **注意点** ほかの抗不整脈薬との併用により、副作用が強まる場合がある
ピルシカイニド塩酸塩 商 サンリズム **フレカイニド酢酸塩** 商 タンボコール **プロパフェノン塩酸塩** 商 プロノン	**効き方** 脈のリズムを整える。不整脈を抑える作用が強いタイプ **副作用** 不整脈の重篤(じゅうとく)化、めまい、ふらつき、動悸、頭痛、吐き気等 **注意点** 腎機能や肝機能が低下している方や高齢者が服用する場合には注意が必要

資料編　医薬の知識

循環器

不整脈

プロプラノロール塩酸塩 商 インデラル **メトプロロール酒石酸塩** 商 セロケン **アテノロール** 商 テノーミン **ナドロール** 商 ナディック **ビソプロロールフマル酸塩** 商 メインテート	**効き方** 心臓の拍動を抑える
	副作用 倦怠感(けんたいかん)、めまい、頭痛、徐脈、低血圧、肝機能の悪化等
	注意点 基本的に、心不全がある場合は服用できない
アミオダロン塩酸塩 商 アンカロン **ソタロール塩酸塩** 商 ソタコール	**効き方** ほかの薬では症状が改善されない場合に用いられる
	副作用 吐き気、頭痛、めまい、全身倦怠感、肝・腎機能の悪化等
	注意点 アンカロンは、肺線維症、目の障害、肝機能障害等、重篤な副作用が出る場合がある
ベプリジル塩酸塩 商 ベプリコール **ベラパミル塩酸塩** 商 ワソラン	**効き方** 頻脈(ひんみゃく)性の不整脈を改善させる
	副作用 めまい、ふらつき、頭痛、吐き気、便秘、発疹等
	注意点 降圧薬、利尿薬等との併用には注意が必要

喘息・慢性閉塞性肺疾患

気道が炎症や狭窄を起こし、酸素が肺に供給されにくくなる疾患。喫煙やハウスダスト等のアレルギーや大気汚染、ストレス等が原因とされる。喘息は、高齢者の場合、気管支炎が誘因となることが多い。初期は咳や痰、息切れが主な症状だが、重くなると喘鳴、呼吸障害が現れる。

薬の基礎知識

※薬の名前の表記。**太字**：一般名／商：商品名

シクレソニド 商 オルベスコインヘラー（吸入） **ベクロメタゾンプロピオン酸エステル** 商 キュバールエアゾール（吸入） **ブデソニド** 商 パルミコート（吸入） **フルチカゾンプロピオン酸エステル** 商 フルタイド（吸入）	**効き方** 炎症を抑える。喘息発作の予防的効果が期待できる **副作用** のどの不快感、声のかすれ、口腔カンジダ症等 **注意点** 口内炎等の予防のため、吸入薬の使用後は必ずうがいをする
イプラトロピウム臭化物 商 アトロベントエロゾル（吸入） **チオトロピウム臭化物** 商 スピリーバ（吸入）	**効き方** 気管支を拡張する **副作用** 吐き気、口内乾燥、のどの不快感、頭痛、動悸等 **注意点** 緑内障、前立腺肥大症がある場合には、使用できない

資料編　医薬の知識

呼吸器

喘息・慢性閉塞性肺疾患

サルメテロールキシナホ酸塩・フルチカゾンプロピオン酸エステル 商 アドエア（吸入） **ブデソニド・ホルモテロールフマル酸塩** 商 シムビコートタービュヘイラー（吸入）	**効き方**	気道の炎症を抑えながら、気管支を広げて呼吸を楽にする
	副作用	声のかすれ、のどの不快感、不整脈、血圧上昇、頭痛、筋肉のけいれん等
	注意点	予防薬として用いられる薬のため、急性の発作に対しては使用しない
プランルカスト 商 オノン **モンテルカストNa** 商 キプレス **モンテルカストNa** 商 シングレア	**効き方**	喘息の発作に関連のある体内物質の働きを抑える
	副作用	吐き気、腹痛、頭痛、眠気、発疹、口渇、肝機能の悪化等
	注意点	喘息の症状が重い場合には、吸入ステロイド薬等との併用が必要
サルブタモール硫酸塩 商 サルタノールインヘラー（吸入） **クレンブテロール塩酸塩** 商 スピロペント **ツロブテロール塩酸塩** 商 ホクナリン **プロカテロール塩酸塩** 商 メプチン（吸入）	**効き方**	気管支を広げて呼吸しやすくする
	副作用	動悸、頻脈、血圧の変動、指や手の震え、頭痛、不眠、吐き気等
	注意点	過度に服薬すると、不整脈を引き起こす場合がある
テオフィリン 商 テオドール **アミノフィリン** 商 ネオフィリン	**効き方**	規則的に服用することで、気管の収縮を防ぐ
	副作用	吐き気、下痢、動悸、手や指の震え、頭痛、不眠、精神的なイライラ等
	注意点	てんかん、甲状腺機能亢進症、急性腎炎の方には慎重な投与が必要

消化器・内分泌

胃潰瘍・十二指腸潰瘍

胃や十二指腸の粘膜が、胃酸過多やヘリコバクター・ピロリ等の細菌によって炎症を起こす疾患。消炎鎮痛薬が原因であることも少なくない。腹痛や吐き気が主な症状である。吐血や黒色の下血を伴うこともあり、出血量が多いと、ショック状態に陥ることがある。

薬の基礎知識

※薬の名前の表記。**太字**：一般名／商：商品名

オメプラゾール 商 オメプラール **ランソプラゾール** 商 タケプロン **ラベプラゾールNa** 商 パリエット	効き方 胃酸の分泌を抑える
	副作用 頭痛、便秘、軟便、下痢、肝機能の悪化、発疹、かゆみ等
	注意点 胃潰瘍と十二指腸潰瘍で、それぞれの使用期間が定められている
ニザチジン 商 アシノン **ファモチジン** 商 ガスター **ラニチジン塩酸塩** 商 ザンタック **ラフチジン** 商 プロテカジン	効き方 胃酸過多を抑える
	副作用 便秘、下痢、発疹、肝機能の悪化等
	注意点 胃酸の分泌が抑えられる分、ほかの薬の吸収に影響が出る場合がある
エカベトNa 商 ガストローム **イルソグラジンマレイン酸塩** 商 ガスロンN **テプレノン** 商 セルベックス **レバミピド** 商 ムコスタ	効き方 胃の粘膜を強くする
	副作用 吐き気、便秘、下痢、発疹、かゆみ
	注意点 発疹等のアレルギー症状が現れた場合には速やかに使用を中止する

知っ得！コラム

吐血をどう判断する？

　吐いた血の色が真っ赤な場合は、短時間に多量の血液が食道から出たもので、食道静脈瘤破裂や重篤な消化器損傷が疑われます。吐いた血の色が黒っぽい場合は、少量の出血が続き、溜まった血液が出たと推測できるので、胃潰瘍や十二指腸潰瘍が疑われます。

知っ得！コラム

お薬手帳を活用する

　お薬手帳は診察時の薬の選択に役立つだけでなく、急に倒れて意識をなくしたときなどに、医療機関に対して服薬情報を提供する役割も果たします。以下のものを使って利用者のお薬手帳活用状態をチェックするとよいでしょう。

- □ お薬手帳を持っている
- □ お薬手帳をいつも持ち歩いている
- □ 医療機関にかかるときには、保険証や診察券と一緒に出している
- □ 薬局で処方箋と一緒に出している
- □ 毎回手帳に記録している（同じ内容でも）
- □ 薬の記録は1冊の手帳にまとめている
- □ 市販の薬を購入するときは、必ず薬剤師に見せてから購入している
- □ 市販の薬も記録している
- □ サプリメントや健康食品も記録している
- □ 薬を服用したときの効果や印象を記録している

糖尿病

インスリンが膵臓から分泌されにくくなったり、インスリンの働きが衰えることで血中のブドウ糖が増え、高血糖状態となる疾患。加齢とともにインスリンの分泌が低下するため、高齢になるほど糖尿病患者が増加する。進行すると口渇、多尿、多飲等の症状が現れる。

薬の基礎知識

※薬の名前の表記。**太字**：一般名／商：商品名

インスリンアスパルト 商ノボラピッド **インスリンリスプロ** 商ヒューマログ **インスリングラルギン** 商ランタス **インスリンデテミル** 商レベミル	**効き方** インスリンを補う
	副作用 震え、動悸、冷や汗、強い空腹感等
	注意点 食事を抜いたり、激しい運動を行ったときに低血糖が起こりやすい
グリメピリド 商アマリール **グリベンクラミド** 商オイグルコン **グリクラジド** 商グリミクロン	**効き方** インスリンの分泌量を増やし、血糖値を下げる（対2型糖尿病）
	副作用 低血糖、肝機能障害、発疹、溶血性貧血、めまい等
	注意点 高齢者は低血糖を起こしやすい
ミチグリニドカルシウム 商グルファスト **レパグリニド** 商シュアポスト **ナテグリニド** 商スターシス	**効き方** 食後に高血糖に陥りやすい症状を改善する
	副作用 動悸、冷や汗、強い空腹感、頭痛、吐き気等
	注意点 下痢を生じている場合等には、服薬の量の調整が必要になる

アカルボース 商グルコバイ ミグリトール 商セイブル ボグリボース 商ベイスン	**効き方** 食後に血糖値が上昇するのを抑制する
	副作用 おなら、下痢、腹痛、便秘、嘔吐、食欲不振、肝機能の悪化、めまい等
	注意点 ほかの血糖降下薬と併用している場合には、低血糖症を起こすおそれがある
メトホルミン塩酸塩 商メトグルコ	**効き方** 血糖値を下げる（対2型糖尿病）
	副作用 下痢、食欲不振、吐き気、発疹、低血糖等
	注意点 飲み合わせによって低血糖を招きやすくなることがある
ピオグリタゾン塩酸塩・グリメピリド配合剤 商ソニアス配合	**効き方** 血糖値を下げる（対2型糖尿病）
	副作用 肝・腎機能の悪化、血圧上昇、発疹、吐き気、めまい、ふらつき等
	注意点 心不全がある場合は服用できない

資料編　医薬の知識

消化器・内分泌

糖尿病

知っ得！コラム

糖尿病は早期の受診・治療が大事！

　糖尿病は初期の頃にはあまり自覚症状がありません。のどが渇き、水分を多く採り、尿の量が多くなる、といった症状が現れた場合には、ある程度、糖尿病の進行が疑われるため、早めに受診してもらいましょう。

　さらに、立ちくらみがする、目がかすむ、手足がしびれる、足がむくむなどの症状が現れた場合には、糖尿病が進行し、合併症が起きていることが疑われます。

脂質異常症（高脂血症）

コレステロールが血中に溜まる疾患で、動脈硬化を誘引しやすい。LDLコレステロール値が高い「高LDLコレステロール血症」、中性脂肪値が高い「トリグリセリド血症」、HDLコレステロール値が低い「低HDLコレステロール血症」がある。初期は自覚症状がなく、進行すると食欲の減退や上腹部の痛み、嘔吐等の症状が現れる。

薬の基礎知識

※薬の名前の表記。**太字**：一般名／商：商品名

ロスバスタチンCa 商 クレストール **プラバスタチンNa** 商 メバロチン **ピタバスタチンCa** 商 リバロ **アトルバスタチンCa** 商 リピトール	**効き方** コレステロール値を低下させる
	副作用 肝機能の悪化、吐き気、腹痛、下痢、頭痛、不眠、発疹、かゆみ、筋肉痛等
	注意点 肝臓や腎臓に疾患がある場合には、副作用が出やすくなる
ベザフィブラート徐放 商 ベザトールSR	**効き方** 悪玉コレステロールを減らし、善玉コレステロールを増やす
	副作用 肝・腎機能の悪化、胆石、腹痛、吐き気、発疹、かゆみ、脱力感、貧血等
	注意点 肝臓や腎臓に障害がある場合には、服薬に際し注意が必要
エゼチミブ 商 ゼチーア	**効き方** 血中のコレステロールを減らす
	副作用 便秘、下痢、腹痛、嘔吐、発疹、肝機能の悪化、筋肉痛等
	注意点 肝機能障害がある場合には、服薬に際し注意が必要

コレスチラミン 商 クエストラン **コレスチミド** 商 コレバイン	**効き方** 血中コレステロールを減らす
	副作用 便秘、食欲不振、下痢、肝・腎機能の悪化、発疹、かゆみ等
	注意点 痔を患っていたり、日頃から便秘がちな場合には、服薬に際し注意が必要

脂質異常症（高脂血症）

知っ得！コラム 「薬が飲めていない」ときは、まず理由を探る

　決められた通りに服用できていない場合は、下記のような理由が考えられます。

①飲む薬の数が多い、あるいは飲み方（用法用量）が複雑で整理がつかない。

②何に効く薬なのか、何のために飲む薬なのか理解していない。

③薬の副作用や服用によるリスクを心配している。

④薬に対する誤った理解に基づいて自分の判断で中止している。

⑤錠剤や粉薬など剤形が合わず、飲めない（飲み込めない）。

⑥経済的理由で、飲む回数を調整している。

　服薬を促す前に飲まない理由を探り、薬剤師に相談することで、適切な対処法が見つかります。

便　秘

腸の蠕動運動や腹圧の低下、食生活の乱れ、水分の摂取不足、ストレス等が原因で、排便が困難になる状態。降圧薬や利尿薬等、薬の副作用で便秘になることもある。便秘には各種タイプがあるが、不十分な食事や運動不足等が原因である場合が多い。

薬の基礎知識

※薬の名前の表記。**太字**：一般名／商：商品名

酸化マグネシウム 商 マグミット	効き方	便を柔らかくすることで便通をよくする
	副作用	下痢、口渇、血圧低下、吐き気等
	注意点	高齢者や腎機能が低下している場合は、副作用に注意が必要
カルメロースNa 商 バルコーゼ	効き方	便を柔らかく膨張させる
	副作用	吐き気、嘔吐、腹部膨満感等
	注意点	排便後すぐに服用を中止せず、規則正しい排泄ができるようになるまで服用することが望ましい
加香ヒマシ油 商 加香ヒマシ油 **ヒマシ油** 商 ヒマシ油	効き方	小腸の運動を活性化させることで便通をよくする
	副作用	腹痛、吐き気、嘔吐等
	注意点	常習的な便秘に対しては使用しない
センナ・センナ実 商 アローゼン **ビサコジル** 商 テレミンソフト **センノシド** 商 プルゼニド **ピコスルファートNa** 商 ラキソベロン	効き方	大腸の運動を活性化させることで便通をよくする
	副作用	腹痛、吐き気、嘔吐等
	注意点	長期の服用で、自然な排便がしにくくなる場合がある

炭酸水素Na・無水リン酸二水素Na 商 新レシカルボン	効き方	腸の蠕動運動を促進することで排便を促す
	副作用	腹痛、顔面蒼白、血圧低下等
	注意点	自然な排便がしにくくなる場合がある
グリセリン 商 グリセリン浣腸	効き方	腸の蠕動を促進することで排便を促す
	副作用	腹痛、残便感、血圧の変動等
	注意点	注入時に強い不快感等がある場合は無理に使用しない

知っ得！コラム

高齢者には下痢も少なくない

　便秘は高齢者が日常的に感じることの多い症状ですが、過敏性腸症候群も少なくありません。これには、便秘が中心のもの、下痢が中心のもの、便秘と下痢を繰り返すものなどがあります。

　原因は、ストレスや食生活の乱れなどが考えられます。高齢者の場合、介護生活や入院など環境の変化で起こることもあります。また、外出が減り、運動不足も原因となる場合があります。

　薬だけに頼らず、原因に応じて、規則正しい食生活を送れるようなケアや、軽い散歩や運動ができるように外出を促すようなケアを考えることも必要です。

腎・泌尿器

前立腺肥大症

膀胱の出口にある前立腺が著しく肥大して、尿道を圧迫することで、様々な排尿障害を起こす疾患。尿線が細い、排尿に時間がかかる、残尿感が強い等の症状がみられ、進行すると尿が出なくなり、下腹部の膨満感が強くなる。

薬の基礎知識

※薬の名前の表記。**太字**：一般名／商：商品名

ウラピジル徐放 商 エブランチル **タムスロシン塩酸塩** 商 ハルナールD **ナフトピジル** 商 フリバス **シロドシン** 商 ユリーフ	**効き方** 尿道を拡張し、残尿感や頻尿の症状を改善させる **副作用** めまい、ふらつき、立ちくらみ、低血圧、胃の不快感、吐き気等 **注意点** 降圧薬と併用するときは、血圧の下がり過ぎに注意する
ジスチグミン臭化物 商 ウブレチド	**効き方** 膀胱の筋肉の収縮を高め、排尿をスムーズにする **副作用** 下痢、腹痛、吐き気、発汗、尿失禁、めまい、頭痛等 **注意点** 尿路や腸に閉塞がある場合は使用できない
オオウメガサソウエキス・ハコヤナギエキス配合剤 商 エビプロスタット配合	**効き方** 前立腺のむくみや膀胱の粘膜の炎症を抑える **副作用** 胃の不快感、食欲不振、吐き気、発疹、かゆみ、倦怠感等 **注意点** 発疹やかゆみが出た場合は、すぐに主治医に相談する

資料編　医薬の知識

腎・泌尿器

前立腺肥大症

クロルマジノン酢酸エステル 商 プロスタール	**効き方** 男性ホルモンの分泌を抑え、前立腺の肥大を抑制する
	副作用 勃起(ぼっき)障害、むくみ、体重増加、胃の不快感、肝機能の悪化
	注意点 男性が服薬する場合は、乳首の腫(は)れ、痛み等が生じる場合がある
デュタステリド 商 アボルブ	**効き方** 男性ホルモンの分泌を抑え、前立腺を小さくする
	副作用 勃起不全、性欲減退、乳房が大きくなる、乳首の痛み
	注意点 重度の肝機能障害のある方は、服薬は避ける

知っ得！コラム

頻尿を伴う疾患には、どう対応する？

　前立腺肥大症など夜間の頻尿を伴うことの多い疾患は、介護者の負担が増すだけでなく、本人のQOLに大きく影響します。まずは適切な診断に基づく、適切な対応が大切なので、主治医に相談し、問題の改善を図るようにしましょう。

　排尿リズムを把握することも大切です。そのためには本人や家族に排尿日記をつけてもらうようにしましょう。排尿の時間、排尿量、失禁の有無、尿意の有無などを記録し、排尿リズムを把握しておけば、主治医との相談もより効果的なものになります。

眼

緑内障(りょくないしょう)

眼球の圧力が上昇し、視力低下、視野狭窄(きょうさく)、視野欠損等の障害が起きる疾患。徐々に進行する慢性型は症状が乏しい。急速に悪化する急性型では、初期に視野狭窄があるが、自覚していないこともある。

薬の基礎知識

※薬の名前の表記。**太字**：一般名／商：商品名

チモロールマレイン酸塩 商 チモプトール **ベタキソロール塩酸塩** 商 ベトプティック **カルテオロール塩酸塩** 商 ミケラン **レボブノロール塩酸塩** 商 ミロル	**効き方** 眼圧を下げる
	副作用 目にしみる、かゆみ、かすみ、結膜充血、頭痛、めまい、徐脈(じょみゃく)等
	注意点 気管支喘息(ぜんそく)や一部の心臓疾患のある方は、使用できないものもある
ブリンゾラミド 商 エイゾプト	**効き方** 眼圧を下げる
	副作用 目にしみる、涙目、かすみ、かゆみ、結膜充血、角膜炎
	注意点 重篤(じゅうとく)な腎障害のある方は使用できない
ラタノプロスト 商 キサラタン **タフルプロスト** 商 タプロス **トラボプロスト** 商 トラバタンズ **イソプロピルウノプロストン** 商 レスキュラ	**効き方** 眼圧を下げる
	副作用 目の痛み、かゆみ、結膜充血、かすみ、角膜障害、まつげの異常等
	注意点 点眼薬を併用する場合は、5分以上間をあける

ドルゾラミド塩酸塩・チモロールマレイン酸塩 商 コソプト配合	**効き方** 眼圧を下げる
ラタノプロスト・チモロールマレイン酸塩 商 ザラカム配合	**副作用** 角膜障害、結膜充血、刺激感、頭痛、めまい等
トラボプロスト・チモロールマレイン酸塩 商 デュオトラバ配合	**注意点** 気管支喘息や一部の心臓疾患のある方は使用できない

白内障（はくないしょう）

水晶体のたんぱく質が変性して白濁（はくだく）する疾患。視力低下、眼のかすみ、光をまぶしく感じるなどの症状がある。眼鏡では改善しない。一般的には、矯正視力で0.4以下が手術の適応といわれている。

薬の基礎知識

※薬の名前の表記。**太字**：一般名／商：商品名

ピレノキシン 商 カリーユニ	**効き方** 症状の進行を遅らせる
	副作用 刺激感、かゆみ、結膜充血等
	注意点 点眼薬がまぶた等に付着したままでいると炎症を起こすことがあるため、きちんと拭き取るか洗顔する
グルタチオン 商 タチオン	**効き方** 症状の進行を遅らせる
	副作用 刺激感、かゆみ、一過性のかすみ等
	注意点 溶解後は、すみやかに（4週間以内）使用する

口腔

口内炎・歯周病

口内炎は、舌等の粘膜に生じる炎症で、外傷、細菌、ウイルス、真菌、薬剤、免疫機能の低下、ストレス等多様な原因で起こる。歯周病は、歯肉の炎症が進行して、歯の支持組織まで広がった疾患。原因は歯垢と歯石で、炎症が広がると歯が脱落する。歯周病を悪化させる要因として糖尿病がある。

薬の基礎知識

※薬の名前の表記。**太字**：一般名／商：商品名

アズレンスルホン酸Na 商 アズノールうがい液 **ポビドンヨード** 商 イソジンガーグル **アズレンスルホン酸Na・炭酸水素Na** 商 含嗽用ハチアズレ **ベンゼトニウム塩化物** 商 ネオステリングリーンうがい液	効き方 のどや口の中を殺菌消毒し、感染を予防する	
	副作用 ヨウ素系のものについては、ヨウ素アレルギー	
	注意点 うがい液の作り置きはしない	
テトラサイクリン塩酸塩 商 アクロマイシン **デカリニウム塩化物** 商 SPトローチ **ドミフェン臭化物** 商 オラドール	効き方 のどの痛みの緩和	
	副作用 まれに発疹	
	注意点 かみ砕いたりせずに、口の中でゆっくりと溶かすように使用する	
トリアムシノロンアセトニド 商 ケナログ **ベクロメタゾンプロピオン酸エステル** 商 サルコート **デキサメタゾン** 商 デキサルチン	効き方 炎症を抑える	
	副作用 口の中に白い斑点様のものができる、過敏症	
	注意点 感染症の症状を悪化させるおそれがあるので、口腔内に感染を伴う方は使用できない	

資料編　医薬の知識

口腔

口内炎・歯周病

知っ得!コラム

歯周病予防には念入りな口腔ケアを

　歯周病は、歯を失うだけではありません。歯周病菌や菌の出す毒素、炎症に伴って生じる物質などが血液中に入り込み、心臓病や糖尿病など様々な全身の病気を引き起こすこともあります。予防には、日常的な口腔ケアが大切です。利用者さんには、以下のような口腔ケアの基本を教えてあげましょう。

● 口腔ケアの基本〜口の中の汚れを取る

　歯ブラシによるブラッシングを正しい方法で十分に行うことが最も大切ですが、歯みがき前と後にうがいをすることも忘れないようにしましょう。頬を膨らませてブクブクうがいをすることで、食べカスを取り除きます。

　また、舌ブラシで舌に付着している舌の苔を除去することも大切です。表面をなぞるように10回程度やさしく、奥から手前に引くようにします。1日1回程度、朝の実行が効果的です。

骨粗鬆症

骨を作るカルシウムの吸収が衰え、骨密度が低下してしまう疾患。加齢が原因であることが多いが、閉経も原因の1つで、そのため高齢女性に多くみられる。骨や関節の変形が生じやすくなり、骨折もしやすくなる。また、背中や腰部等に痛みが生じやすくなる。

薬の基礎知識

※薬の名前の表記。**太字**：一般名／商：商品名

L-アスパラギン酸カルシウム 商 アスパラ-CA	**効き方** カルシウムを補う **副作用** 腹部膨満感、胸やけ、軟便等 **注意点** ほかの薬との飲み合わせで、血中のカルシウムが上昇する場合がある
アルファカルシドール 商 アルファロール **エルデカルシトール** 商 エディロール	**効き方** カルシウムの吸収を促進し、骨を丈夫にする **副作用** 便秘、胃痛、肝・腎機能の悪化等 **注意点** カルシウムやビタミンDを含む薬や食品を摂り過ぎると、副作用等が起こりやすくなる場合がある
エチドロン酸二Na 商 ダイドロネル **アレンドロン酸** 商 フォサマック **リセドロン酸Na** 商 ベネット **ミノドロン酸** 商 ボノテオ	**効き方** 骨密度を高める **副作用** 胃・腹部不快感、胃炎、吐き気、食欲不振、便秘、肝・腎機能の悪化等 **注意点** 服薬中に歯科治療をする場合には、主治医に必ず事前に相談する

資料編　医薬の知識

運動器

メナテトレノン 商グラケー	**効き方** 新しい骨の形成を助ける。破骨細胞による骨吸収を抑える
	副作用 胃の不快感、腹痛、下痢、発疹、頭痛、かゆみ、吐き気等
	注意点 発疹、発赤、かゆみ等が現れた場合には、すぐに主治医に相談する
ラロキシフェン塩酸塩 商エビスタ バゼドキシフェン酢酸塩 商ビビアント	**効き方** 破骨細胞を減らす
	副作用 ほてり、発疹、貧血、肝・腎機能の悪化等
	注意点 下肢の疼痛・浮腫、突然の呼吸困難、息切れ、胸痛、急性視力障害等が現れたら、すぐに主治医に相談する

骨粗鬆症

知っ得！コラム

ロコモティブシンドロームって何？

　ロコモティブシンドローム（以下「ロコモ」）とは、「運動器の障害による要介護の状態や要介護リスクの高い状態」を表す新しい言葉で、メタボリックシンドロームと並ぶ深刻な社会問題として最近注目を集めています。

　ロコモの原因は、①「バランス能力の低下」や、②「筋力の低下」という運動機能の低下で、どちらも転倒のリスクを高めます。また、骨粗鬆症や変形性膝関節症、脊柱管狭窄症などの③「骨や関節の病気」も原因となります。

変形性関節症

脊椎関節、股関節、膝関節等の骨の変形や、骨軟骨の摩耗によって発症する。女性高齢者に多くみられる。安静時は痛みがない、あるいは軽いが、動くと痛みが強くなる。痛みにより関節運動が制限されるため、歩行障害も起こる。

薬の基礎知識

※薬の名前の表記。**太字**：一般名／商：商品名

ジクロフェナクNa 商 ボルタレン **メロキシカム** 商 モービック **ロキソプロフェンNa** 商 ロキソニン	**効き方** 炎症を鎮める
	副作用 肝・腎機能の悪化、腹痛、下痢、口内炎、発疹等
	注意点 ほかの消炎鎮痛薬との併用は避ける

関節リウマチ

自己免疫異常を起こしたリンパ球が血液中を流れて全身の関節に伝わり炎症を起こす膠原病の一種。起床時に関節のこわばり、腫脹、関節痛が出やすいのが特徴。症状は進行性で、関節の変形や運動制限を伴う。倦怠感、微熱、体重減少等の全身的な症状が起こることもある。

薬の基礎知識

※薬の名前の表記。**太字**：一般名／商：商品名

セレコキシブ 商 セレコックス **ジクロフェナクNa** 商 ボルタレン **メロキシカム** 商 モービック **ロキソプロフェンNa** 商 ロキソニン	**効き方** 炎症を鎮める
	副作用 肝・腎機能の悪化、腹痛、下痢、口内炎、発疹等
	注意点 ほかの消炎鎮痛薬との併用は避ける

メトトレキサート 商リウマトレックス **ブシラミン** 商リマチル	**効き方**	関節の痛みや腫れの症状を改善し、進行を遅らせる
	副作用	肝・腎機能の悪化、食欲不振、吐き気、腹痛、下痢、発疹、かゆみ等
	注意点	薬の効果が現れるまでに、数か月かかる場合がある
デキサメタゾン 商デカドロン **プレドニゾロン** 商プレドニン **ベタメタゾン** 商リンデロン	**効き方**	炎症を鎮める
	副作用	下痢、吐き気、多毛、血圧上昇、体重増加等
	注意点	水痘、はしかにかかったことのない方は、事前に医師に伝えておく
オーラノフィン 商オーラノフィン	**効き方**	関節の腫れを鎮める
	副作用	肝・腎機能の悪化、下痢、吐き気、嘔吐、発疹、かゆみ等
	注意点	腎障害、肝障害、血液障害のある方は服用できない

知っ得！コラム

変形性関節症では、疼痛時は安静が基本

　変形性関節症のケアの基本は、痛みが著しいときは安静を保ってもらうことです。そして、痛みが軽いときは、立ち座りなどの痛みを引き起こす行動をサポートすることが大切です。症状が長引く場合には、車いすや電動ベッドなどの福祉用具の使用も考えましょう。また、痛みを引き起こす原因となる家屋の造りを見直して、スロープを付けるなどの住宅改修を考える必要もあるでしょう。

　ただし、過剰な身体介護は寝たきりになるなどの危険性があるので、医療機関と連携して対応しましょう。

皮膚

褥瘡

車イスやベッド等で長時間、身体が圧迫されることで、細胞が壊死を起こす疾患。不潔、感染、浮腫、低栄養状態も原因になる。初期は発赤、水泡、進行すると膿瘍、壊死、骨組織の欠損等が生じる。

薬の基礎知識

※薬の名前の表記。**太字**：一般名／商：商品名

ブクラデシンNa 商 アクトシン **トレチノイントコフェリル** 商 オルセノン **アルプロスタジル アルファデクス** 商 プロスタンディン **リゾチーム塩酸塩** 商 リフラップ	**効き方** 血流の改善、血管新生の促進、肉芽形成の促進、表皮形成の促進等
	副作用 発赤、紅斑、かゆみ、疼痛等
	注意点 プロスタンディンは重篤な心不全のある方、リフラップは卵白アレルギーのある方は使用できない
ヨウ素 商 カデックス **精製白糖・ポビドンヨード** 商 ユーパスタコーワ	**効き方** 患部を細菌から守る
	副作用 発赤、かゆみ、疼痛、刺激感等
	注意点 ヨウ素アレルギーがある方には使用できない
トラフェルミン 商 フィブラストスプレー	**効き方** 傷の治りを早める
	副作用 刺激感、発赤、発疹、かぶれ等
	注意点 正常な皮膚に薬が付着した場合には、必ず拭き取る

水虫

真菌（カビ）によって発症する皮膚疾患。頭、身体、股部にも発症し、手、足に発症すると「水虫」、爪に発症すると「爪白癬」と呼ばれる。かゆみ、皮膚の湿潤があり、滲出液を伴うこともある。

薬の基礎知識

※薬の名前の表記。**太字**：一般名／商：商品名

イトラコナゾール 商 イトリゾール **テルビナフィン塩酸塩** 商 ラミシール	**効き方** 真菌（カビ）を殺菌する
	副作用 腹痛、下痢、発疹、肝・腎機能の悪化等
	注意点 肝・腎障害のある方は、服用に注意する
ラノコナゾール 商 アスタット **ケトコナゾール** 商 ニゾラール **アモロルフィン塩酸塩** 商 ペキロン **ルリコナゾール** 商 ルリコン	**効き方** 真菌（カビ）を殺菌する
	副作用 接触性皮膚炎、発赤、かゆみ等
	注意点 傷がある部位に塗布すると、痛みを感じる場合がある

疥癬

ヒゼンダニが皮膚の表皮に寄生して発症する。顔面と頭部以外の皮膚に生じ、就寝時に激しいかゆみがある。発赤を伴い皮膚が少し盛り上がり線状に連なるのが特徴。

薬の基礎知識

※薬の名前の表記。**太字**：一般名／商：商品名

イベルメクチン 商 ストロメクトール	**効き方** ヒゼンダニを駆除する
	副作用 吐き気、嘔吐、血尿、肝・腎機能の悪化等
	注意点 爪白癬の治療には使用しない
ヒドロコルチゾン・クロタミトン 商 オイラックスH	**効き方** 皮膚のかゆみを鎮める
	副作用 ほとんど副作用の心配はない
	注意点 高齢者には大量・長期の使用は避ける

医療知識

人体部位名～全身（表面）

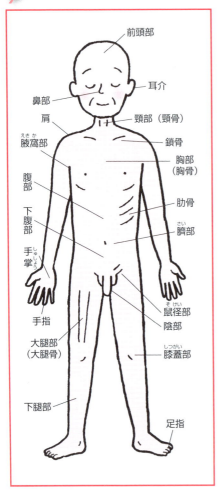

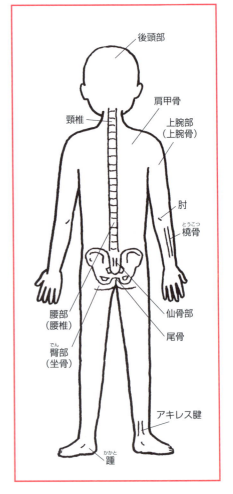

人体部位名〜全身（骨格）

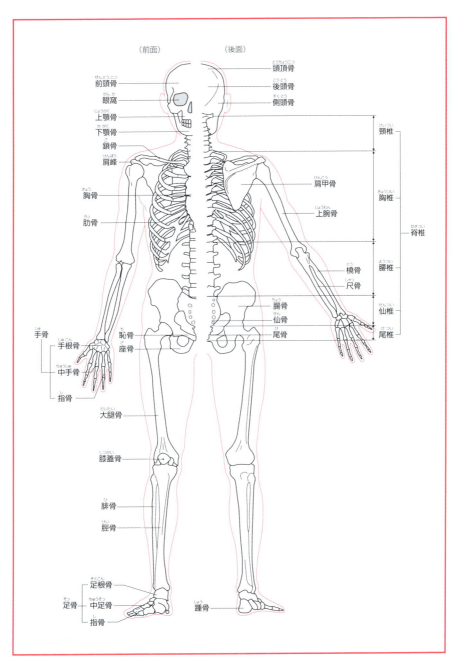

人体部位名～眼・口腔・咽頭・耳

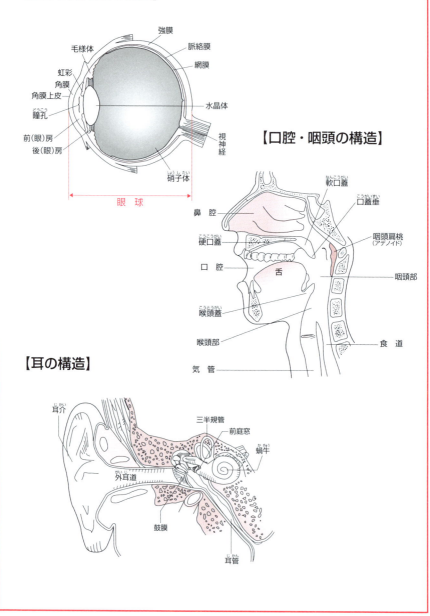

人体部位名〜脳・内臓

【脳の側面】

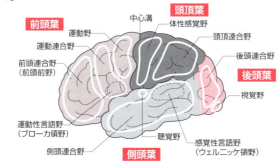

【呼吸器の構造】

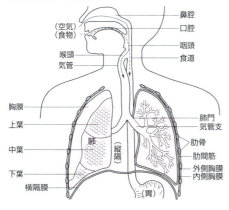

【心臓の構造（断面）】

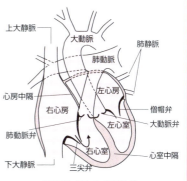

【腎臓の構造】

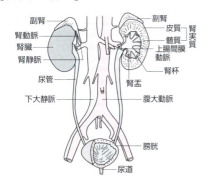

【消化器の構造】

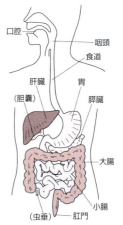

検査値の読み方

検査項目		基準値
血球検査	RBC（赤血球数）	男：427万〜570万/μL 女：376万〜500万/μL
	Hb（ヘモグロビン）	男：13.5〜17.6g/dL 女：11.3〜15.2g/dL
	Ht（ヘマトクリット）	男：39.8〜51.8% 女：33.4〜44.9%
	WBC（白血球数）	4,000〜8,000/μL
	PL（血小板数）	15万〜35万/μL （静脈血）
血清たんぱく質	TP（血清総たんぱく量）	6.5〜8.0g/dL
	血清アルブミン	3.8〜5.2g/dL
アミノ酸・窒素化合物	BUN（血中尿素窒素）	9〜21mg/dL
	Cr（血清クレアチニン）	男：0.65〜1.09mg/dL 女：0.46〜0.82mg/dL
	血清クレアチン	0.2〜0.9mg/dL
	UA（血清尿酸）	男：3〜7mg/dL 女：2〜7mg/dL
血清酵素	GOT（AST）	11〜33IU/L 37℃
	GPT（ALT）	6〜43IU/L 37℃
感染・炎症マーカー	CRP（C反応性たんぱく）	0.3mg/dL以下

検査項目		基準値
脂質	TC（総コレステロール）	130〜220mg/dL
	HDL-コレステロール	40〜65mg/dL
	LDL-コレステロール	60〜140mg/dL
	TG（中性脂肪）	50〜150mg/dL
糖代謝	HbA1c*（糖化ヘモグロビン）	4.6〜6.2%（NGSP値） 4.3〜5.8%（JDS値）
	空腹時血糖値	70〜110mg/dL
	食後2時間血糖値	70〜140mg/dL
電解質・金属	K（カリウム）	3.6〜5.0mEq/L
	Ca（カルシウム）	8.5〜10.5mg/dL
	Cl（塩素）	98〜108mEq/L
	Na（ナトリウム）	135〜145mEq/L
血液ガス	SaO_2（動脈血酸素飽和度）	96〜99%
BP（血圧）最高血圧/最低血圧	診断室血圧	140/90mmHg未満
	家庭血圧	135/85mmHg未満

単位の読み方：μL＝マイクロリットル、g/dL＝グラム/デシリットル
mg/dL＝ミリグラム/デシリットル、mEq/L＝ミリエクィーバレント/リットル、
mmHg＝ミリメートルエッチジー、IU/L＝インターナショナルユニット/リットル

＊平成24年4月1日からHbA1cの値は、NGSP値で表記されています。ただし、当面の間はJDS値も併記されます。NGSP値＝国際標準値、JDS値＝国内値。
※基準値は個々の健康状態、検査方法などにより異なるため、あくまで目安です。

出典 『臨床検査データハンドブック 2017-2018』医学書院ほか

よく使われる医療に関する略語・用語

	略語・用語	説　明
A	acute（アキュート）	急性
	AB	喘息（ぜんそく）性気管支炎。asthmatic bronchitis（アズマティック ブロンカイティス）
	af	心房細動。atrial fibrillation（エイトリアル フィブリレーション）
	AMI	急性心筋梗塞（こうそく）。acute myocardial infarction（アキュート マイオカーディアル インファークション）
	AP	狭心症。angina pectoris（アンジャイナ ペクトリス）
	aphasia（アフェージア）	失語症
	apoplexy（アポプレクシー）	脳卒中
	ARDS	成人呼吸窮迫症候群。adult respiratory distress syndrome（アダルト レスピレイトリー ディストレス シンドローム）
	arrest（アレスト）	心臓が止まること
	arrhythmia（アリズミア）	不整脈
	AS	大動脈弁狭窄（きょうさく）症。aortic stenosis（アオルティック ステノーシス）
	asthma（アズマ）	喘息
B	bleeding（ブリーディング）	出血
	BP	血圧。blood pressure（ブラッド プレッシャー）

	略語・用語	説　明
B	BPH	良性の前立腺肥大症。 benign prostatic hypertrophy（ビナイン プロスタティック ハイパートロフィー）
	bronchitis（ブロンカイティス）	気管支炎
	BS	血糖。blood sugar（ブラッド シュガー）
	BT	体温。body temperature（ボディ テンパラチャー）
C	Ca（カルチ）	がん。英語・独語：Carcinoma（カルシノーマ）
	CC（シーシー）	主訴。Chief complaint（チーフ コンプレイント）
	CHF	うっ血性心不全。 congestive heart failure（コンジェスティブ ハート フェイラー）
	chronic（クロニック）	慢性。acute（急性）の反対語
	COPD	慢性閉塞性肺疾患。COLD（コールド）ともいう。 chronic obstructive pulmonary disease（クロニック オブストラクティブ パルマナリー ディジーズ）
	Coma（コーマ）	昏睡状態
	constipation（コンスティペイション）	便秘
	CT	コンピュータ断層写真。 computed tomography（コンピューテッド トモグラフィー）
	cyanosis（サイアノーシス）	チアノーゼ
D	DBP	拡張期血圧（最低血圧）。 diastolic blood pressure（ダイアストリック ブラッド プレッシャー）

資料編　医療知識　よく使われる医療に関する略語・用語

	略語・用語	説 明
D	DBS	脳深部電気刺激法。 deep brain stimulation（ディープ ブレイン スティミュレイション） 電気刺激によりパーキンソン病の不随意運動等の症状を軽減させる治療法
	dementia（デメンチア）	認知症
	diarrhea（ディアレア）	下痢
	DM	糖尿病。diabetes mellitus（ダイアビーツ ミリタス）
	DSA	血管造影。 digital subtraction angiography（デジタル サブトラクション アンジオグラフィ）
	Dx	診断。diagnosis（ダイアグノーシス）
E	ECG	心電図。electrocardiogram（エレクトロカーディオグラム）
	ENT（エント）	退院。独語：entlassen（エントラッセン）
	Epilepsy（エピレプシー）	てんかん
F	FBS	空腹時血糖。fasting blood sugar（ファスティング ブラッド シュガー）
	fever（フィーバー）	発熱
H	Harn（ハルン）	尿（独語）
	heart attack（ハート アタック）	心臓発作
	heart failure（ハート フェイラー）	心不全
	Hp	病院。hospital（ホスピタル）

略語・用語		説　明
H	HR	心拍数。heart rate (ハート レイト)
	HT	高血圧。hypertension (ハイパー テンション)
I	intubation (インチューベイション)	気管挿管
K	Kot (コート)	大便(独語)
N	nausea (ナウゼア)	吐き気。悪心(おしん)。
	n.p.	特に異常(記載事項)なし。nothing particular (ナッシング パティキュラー)
P	pain/-ache (ペイン エイク)	痛み
	paraplegia (パラプレジア)	対麻痺。両側下肢の麻痺(ついまひ)
	pneumonia (ニューモニア)	肺炎
	Pt	患者。patient (ペイシェント)
R	RA	関節リウマチ。Rheumatoid Arthritis (リュウマトイド アーテライティス)
	resp	呼吸。respiration (レスピレイション)
	respirator (レスピレーター)	人工呼吸器
	rigidity (リジディティ)	硬直。固縮
S	SAH (ザー)	くも膜下出血。subarachnoid hemorrhage (サブアラクノイド ヘモレージ)

	略語・用語	説 明
S	SBP（シストリック ブラッド プレッシャー）	収縮期血圧（最高血圧）。systolic blood pressure
	senile dementia（シーナイル デメンチア）	老年性認知症
	S.O.B	息切れ。shortness of breath（ショートネス オブ ブレス）
	sputum（スプータム）	痰
	systemic edema（システミック エデーマ）	全身性浮腫
T	Tb	結核。tuberculosis（テューベルクローシス）
U	urine volume（ウリン ボリューム）	尿量
V	vomiting（ボミティング）	嘔吐
X	X-P（エックス ピー）	エックス線写真。X-ray photograph（エックス レイ フォトグラフ）

	略語・用語	説 明
か	含嗽（がんそう）	うがい
き	吃逆（きつぎゃく）	しゃっくり
け	傾眠（けいみん）	刺激により目覚めて、質問等に応えるが、刺激がなくなるとまた眠ってしまう状態
	血尿	尿に血が混じった状態

	略語・用語	説　明
せ	喘鳴（ぜんめい）	気道の通りが悪い部分を空気が通るときにヒューヒュー、ゼーゼーといった音が出る
せ	せん妄（もう）	軽い意識混濁（こんだく）とともに幻覚（げんかく）・妄想、興奮が伴う状態で、意識障害の一種
た	多尿（たにょう）	1日の尿量が2,000mLを超えた状態
た	たんぱく尿	たんぱく質の量が1日に150mgを超えた尿
に	尿閉（にょうへい）	尿がすぐに出なかったり、出る勢いが弱くなり、ついには尿が出なくなる状態
ふ	浮腫（ふしゅ）	むくみ。通常体外に排出される水分が組織の間にたまっている状態
ふ	不随意運動	自分の意志では止められない、手足の震え等の運動
ほ	乏尿（ぼうにょう）	1日の尿量が400mL以下の状態
む	無尿	1日の尿量が50〜100mL以下で、尿が作られなくなった状態

あると便利なリスト

アセスメント・チェックリスト

厚生労働省が定めるアセスメント上の標準項目

基準項目名	項目の主な内容［例］	
受付、利用者等基本情報	☐ 受付日時 ☐ 対応者 ☐ 受付方法 ☐ 氏名 ☐ 性別 ☐ 生年月日	☐ 住所・電話番号などの連絡先 ☐ 家族などの基本情報
生活状況	☐ 現在の生活状況　☐ 生活歴など	
被保険者情報	☐ 介護保険　☐ 医療保険　☐ 生活保護 ☐ 身体障害者手帳の有無など	
利用中のサービス	☐ 介護保険給付の内外を問わず、現在受けているサービス	
障害高齢者の日常生活自立度	➡ P228	
認知症高齢者の日常生活自立度	➡ P229	
主訴	☐ 利用者およびその家族の主訴や要望	
認定情報	☐ 要介護状態区分　☐ 審査会の意見 ☐ 支給限度額	
アセスメントの理由	☐ 初回　☐ 定期　☐ 退院退所時	
健康状態	☐ 既往歴　☐ 主傷病　☐ 病状　☐ 痛み	

基準項目名	項目の主な内容[例]
ADL	☐ 寝返り ☐ 起き上がり ☐ 移乗 ☐ 歩行 ☐ 着衣 ☐ 入浴 ☐ 排泄
IADL	☐ 調理 ☐ 掃除 ☐ 買物 ☐ 金銭管理 ☐ 服薬状況
認知	☐ 日常の意思決定を行うための認知能力の程度
コミュニケーション	☐ 意思の伝達 ☐ 視力 ☐ 聴力
社会とのかかわり	☐ 社会的活動への参加意欲 ☐ 社会とのかかわりの変化 ☐ 喪失感や孤独感
排尿・排便	☐ 失禁の状況 ☐ 排尿排泄後の後始末 ☐ コントロール方法 ☐ 頻度
褥瘡・皮膚の問題	☐ 褥瘡の程度 ☐ 皮膚の清潔状況
口腔衛生	☐ 歯・口腔内の状態や口腔衛生
食事摂取	☐ 栄養 ☐ 食事回数 ☐ 水分量
問題行動	☐ 暴言暴行 ☐ 徘徊 ☐ 介護の抵抗 ☐ 収集癖 ☐ 火の不始末 ☐ 不潔行為 ☐ 異食行動
介護力	☐ 介護者の有無 ☐ 介護者の介護意思 ☐ 介護負担 ☐ 主な介護者に関する情報
居住環境	☐ 住宅改修の必要性 ☐ 危険個所などの現在の居住環境
特別な状況	☐ 虐待 ☐ ターミナルケア

障害高齢者の日常生活自立度判定基準

自立度	ランク	判定基準
生活自立	J	何らかの障害などを有するが、日常生活はほぼ自立しており独力で外出する 1　交通機関などを利用して外出する 2　隣近所へなら外出する
準寝たきり	A	屋内での生活はおおむね自立しているが、介助なしには外出しない 1　介助により外出し、日中はほとんどベッドから離れて生活する 2　外出の頻度が少なく、日中も寝たり起きたりの生活をしている
寝たきり	B	屋内での生活は何らかの介助を要し、日中もベッド上での生活が主体であるが、座位を保つ 1　車いすに移乗し、食事、排泄はベッドから離れて行う 2　介助により車いすに移乗する
寝たきり	C	一日中ベッド上で過ごし、排泄、食事、着替えにおいて介助を要する 1　自力で寝返りを打つ 2　自力では寝返りも打たない

認知症高齢者の日常生活自立度判定基準

ランク	判定基準
I	何らかの認知症を有するが、日常生活は家庭内および社会的にほぼ自立している
II	日常生活に支障をきたすような症状・行動や意思疎通の困難さが多少みられても、誰かが注意していれば自立できる
IIa	家庭外で上記IIの状態がみられる 【たびたび道に迷う、買い物や事務、金銭管理など、それまでできたことにミスが目立つなど】
IIb	家庭内でも上記IIの状態がみられる 【服薬管理ができない、電話の応対や訪問者との応対など一人で留守番ができないなど】
III	日常生活に支障をきたすような症状・行動や意思疎通の困難さがときどきみられ、介護を必要とする
IIIa	日中を中心として上記IIIの状態がみられる 【着替え、食事、排便・排尿が上手にできない、時間がかかる、やたらに物を口に入れる、物を拾い集める、徘徊、失禁、大声、奇声を上げる、火の不始末、不潔行為、性的異常行為がみられるなど】
IIIb	夜間を中心として上記IIIの状態がみられる。症状・行動はIIIaに同じ
IV	日常生活に支障をきたすような症状・行動や意思疎通の困難さが頻繁にみられ、常に介護を必要とする
M	著しい精神症状や問題行動あるいは重篤な身体疾患がみられ、専門医療を必要とする 【せん妄、妄想、興奮、自傷・他害などの精神症状や、精神症状に起因する問題行動が継続する状態など】

【　】内は症状・行動具体例

役立つWebサイト一覧

　資料編に紹介している情報などを詳しく調べたい場合や、ケアマネジャーさんに役立つ情報を提供しているWebサイトを紹介します。

●地域包括ケアシステム

- 厚生労働省　「地域包括ケアシステム」
  http://www.mhlw.go.jp/
  地域包括ケアシステムの概要や「地域ケア会議」について説明されています。

●障害者総合支援法

- 社会福祉法人　全国社会福祉協議会
  「障害者総合支援法のサービス利用説明パンフレット」
  http://www.shakyo.or.jp/
  障害者総合支援法の概要やサービス内容、利用手続きなどが詳しく説明されています。※2015（平成27）年4月版です。

●高齢者虐待

- 厚生労働省
  「市町村・都道府県における高齢者虐待・養護者支援の対応について」
  http://www.mhlw.go.jp/
  高齢者虐待防止の基本や対応マニュアルなどを提供しています。

- 各都道府県・市町村のホームページ
  高齢者虐待防止マニュアルなどを提供しているところもあります。

●日常生活自立支援事業

- 社会福祉法人　全国社会福祉協議会
  「日常生活自立支援事業パンフレット」
  http://www.shakyo.or.jp/
  日常生活自立支援事業の概要や契約までの流れなどを詳しく説明しています。

●成年後見制度

- 法務省　http://www.moj.go.jp/MINJI/minji95.html
  成年後見制度の概要や、手続きなどについて説明しています。

- 公益社団法人　成年後見センター・リーガルサポート
  http://www.legal-support.or.jp/
  成年後見制度の概要や、リーガルサポートの活動内容などについて説明しています。

●消費者保護

- 独立行政法人　国民生活センター
  http://www.kokusen.go.jp/
  消費者保護に関する法律により契約を取り消せるかどうかや、クーリング・オフ制度の適用があるかどうか、そのほかの国民生活に関する相談窓口です。
  各地の消費生活センターでも相談にのってくれます。
  また「消費者ホットライン」もあります。Tel.188（局番なし）

●薬の情報

- 公益社団法人　日本薬剤師会
  http://www.nichiyaku.or.jp/
  薬関連リンク集→全国の薬剤師会のホームページにアクセスできます。

- おくすり110番　http://www.jah.ne.jp/~kako/
  ボランティアの薬剤師によって運営されている医薬品の検索サイトです。一般の方が利用することを想定して作られていて、わかりやすく薬の情報が説明されています。

●老人ホーム

- 公益社団法人　全国有料老人ホーム協会
  http://www.yurokyo.or.jp/
  全国の有料老人ホームが検索できたり、ホームの探し方などを紹介しています。

- ●ボランティア
  - 地域福祉・ボランティア情報ネットワーク
    http://www.zcwvc.net/
    全国社会福祉協議会によるボランティアや市民活動に関する情報などを提供するサイトです。
  - ボランティアリンク
    http://volunteer.lantecweb.net/
    ボランティア活動を応援するサイトで、ボランティア関連団体の検索ができます。
  - Yahoo!ボランティア
    http://volunteer.yahoo.co.jp/
    全国のボランティア団体の情報などを提供しています。ボランティア団体の検索ができます。
- ●日頃チェックしておきたいページ
  - 厚生労働省　「介護サービス関係Q&A」
    http://www.mhlw.go.jp/stf/seisakunitsuite/bunya/hukushi_kaigo/kaigo_koureisha/qa/index.html
    介護サービス関係のQ&Aを閲覧できます。
  - WAM NET（ワムネット）　http://www.wam.go.jp/
    介護・福祉・医療施設の検索や行政情報や福祉用具の閲覧など、福祉・保健・医療の情報を提供しています。

薬剤名リスト

以下の薬剤名は、商品名です。

● アルファベット ●

SPトローチ 206

● ア ●

アーテン 177
アカルディ 188
アキネトン 177
アクトシン 212
アクロマイシン 206
アシノン 194
アスタット 213
アズノールうがい液 206
アスパラ-CA 208
アスペノン 190
アダラート 185
アテレック 185
アドエア(吸入) 193
アトロベントエロゾル
　(吸入) 192
アボルブ 203
アマリール 196
アミサリン 190
アモキサン 180
アリセプト 182
アルダクトンA ....185、189
アルファロール 208
アローゼン 200
アンカロン 191

● イ ●

イソジンガーグル 206
イトリゾール 213
インデラル ....185、191

● ウ ●

ウブレチド 202

●エ●

エイゾプト 204
エースコール 184
エカード配合 186
エックスフォージ配合 186
エディロール 208
エビスタ 209
エビプロスタット配合 202
エビリファイ 182
エフピーOD 176
エブランチル ....185、202

●オ●

オイグルコン 196
オイラックスＨ 213
オーラノフィン 211
オノン 193
オメプラール 194
オラドール 206
オルセノン 212
オルベスコインヘラー
　（吸入）.............................192
オルメテック 184

●カ●

加香ヒマシ油 200
ガスター 194
ガストローム 194
ガスロンＮ 194
カデックス 212
カバサール 176
カリーユニ 205
カルグート 188
カルデナリン 185
カルブロック 185
含嗽用ハチアズレ...............206

●キ●

キサラタン 204
キプレス 193
キュバールエアゾール
　（吸入）.............................192

●ク●

クエストラン 199
グラケー 209
クラシエ
　抑肝散加陳皮半夏..........182
グリセリン浣腸...................201
グリミクロン 196

グルコバイ 197
グルファスト 196
クレストール 198

● ケ ●

ケナログ 206

● コ ●

コソプト配合 205
コディオ配合 186
コバシル 184
コムタン 176
コレバイン 199

● サ ●

サアミオン 178
ザラカム配合 205
サルコート 206
サルタノールインヘラー
　（吸入） 193
ザンタック 194
サンリズム 190

● シ ●

ジェイゾロフト 180

ジゴキシン 188
ジプレキサ 182
シベノール 190
シムビコートタービュヘイラー
　（吸入） 193
シュアポスト 196
シングレア 193
シンメトレル 177
新レシカルボン 201

● ス ●

スターシス 196
ストロメクトール 213
スピリーバ（吸入） 192
スピロペント 193

● セ ●

セイブル 197
ゼチーア 198
セララ 186
セルベックス 194
セレコックス 210
セロクエル 182
セロクラール 178
セロケン .... 185、191

薬剤名リスト

エ〜セ

●ソ●

ソタコール 191
ソニアス配合 197

●タ●

ダイドロネル 208
タケプロン 194
タチオン 205
タナトリル 184
タプロス 204
タンボコール 190

●チ●

チモプトール 204

●ツ●

ツムラ抑肝散 182

●テ●

ディオバン 184
テオドール 193
デカドロン 211
デキサルチン 206
テシプール 181
デタントール 185

テトラミド 181
テノーミン .... 185、191
デプロメール 180
デュオトラバ配合 205
テレミンソフト 200

●ト●

ドプス 177
トフラニール 180
トラバタンズ 204
トリプタノール 180
トレドミン 180

●ナ●

ナディック 191

●ニ●

ニゾラール 213

●ネ●

ネオステリングリーン
　うがい液 206
ネオドパストン配合 176
ネオドパゾール配合 176
ネオフィリン 193

●ノ●

ノイキノン..........................189
ノボラピッド......................196
ノリトレン..........................180
ノルバスク..........................185

●ハ●

バイアスピリン..................178
パキシル..............................180
パナルジン..........................178
パリエット..........................194
バルコーゼ..........................200
ハルナールD......................202
パルミコート(吸入)...........192

●ヒ●

ビ・シフロール..................176
ビビアント..........................209
ヒマシ油..............................200
ピメノール..........................190
ヒューマログ......................196

●フ●

フィブラストスプレー.........212
フォサマック......................208

プラザキサ..........................178
プラビックス......................178
フリバス..............................202
フルイトラン..........185、189
プルゼニド..........................200
フルタイド(吸入)...............192
プレタール..........................178
プレドニン..........................211
プレミネント配合...............186
プロスタール......................203
プロスタンディン...............212
プロタノールS...................188
プロテカジン......................194
プロノン..............................190
ブロプレス..........................184

●ヘ●

ベイスン..............................197
ペキロン..............................213
ベザトールSR....................198
ベトプティック..................204
ベネット..............................208
ベプリコール......................191
ペルマックス......................176

●ホ●

ホクナリン 193
ボノテオ 208
ボルタレン 210

●マ●

マグミット 200

●ミ●

ミカムロ配合 186
ミカルディス 184
ミケラン 204
ミコンビ配合 186
ミニプレス 185
ミロル 204

●ム●

ムコスタ 194

●メ●

メインテート .... 185、191
メキシチール 190
メトグルコ 197
メバロチン 198
メプチン（吸入）................. 193

メマリー 182

●モ●

モービック 210

●ユ●

ユーパスタコーワ 212
ユニシア配合 186
ユリーフ 202

●ラ●

ラキソベロン 200
ラシックス .... 185、189
ラジレス 187
ラニラピッド 188
ラミシール 213
ランタス 196

●リ●

リウマトレックス 211
リスパダール 182
リスモダン 190
リバスタッチ 182
リバロ 198
リピトール 198

リフラップ..........................212
リフレックス......................181
リマチル..........................211
リンデロン........................211

● ル ●

ルジオミール....................181
ルプラック........................185
ルボックス........................180
ルリコン..........................213

● レ ●

レキップ..........................176
レザルタス配合................186
レスキュラ........................204
レニベース............184、188
レベミル..........................196
レミニール........................182

● ロ ●

ロキソニン........................210
ロンゲス..........................188

● ワ ●

ワーファリン....................178

ワソラン..........................191

本書の記載内容に関しまして、法改正・正誤等の情報により変更等が生じた場合、弊社ホームページ内「法改正・追録情報」コーナーに掲載する予定です。
URL http://www.u-can.co.jp/book

【監修者プロフィール】

田尻久美子
介護支援専門員。介護福祉士。株式会社カラーズ 代表取締役
一般社団法人全国介護事業者協議会 理事

宇田和夫
薬剤師。介護支援専門員。株式会社ファーコス 取締役
一般社団法人全国薬剤師・在宅療養支援連絡会 副会長

装　　　　丁	林偉志夫（IH_Design）
本文デザイン	有限会社フリントヒル
イ ラ ス ト	福田紀子
執 筆 協 力	山神美喜子／平尾俊郎／立花和弥
編 集 協 力	渡辺啓道（株式会社東京コア）
企 画 編 集	大塚雅子、谷本淑恵（株式会社ユーキャン）

日々の"困った"を解消！
4訂版 ユーキャンのケアマネ実務 サポートBOOK

2012年 7月31日　初　版　第1刷発行　　2018年 4月27日　第4版　第1刷発行
2013年10月18日　第 2 版　第1刷発行
2015年10月23日　第 3 版　第1刷発行

監修者	田尻久美子／宇田和夫
編　者	ユーキャンケアマネ実務研究会
発行者	品川泰一
発行所	株式会社 ユーキャン 学び出版
	〒169-0075 東京都新宿区高田馬場1-30-4
	Tel 03-3200-0201
編　集	株式会社 東京コア
発売元	株式会社 自由国民社
	〒171-0033 東京都豊島区高田3-10-11
	Tel 03-6233-0781（営業部）

印刷・製本　望月印刷株式会社

※落丁・乱丁その他不良の品がありましたらお取り替えいたします。お買い求めの書店か自由国民社営業部（Tel 03-6233-0781）へお申し出ください。

© U-CAN,Inc. 2018 Printed in Japan

本書の全部または一部を無断で複写複製（コピー）することは、著作権法上の例外を除き、禁じられています。